ARCHIFLOP

ALESSANDRO BIAMONTI

ARCHIFLOP

GESCHEITERTE VISIONEN

Die spektakulärsten Ruinen der modernen Architektur

Aus dem Italienischen übersetzt von Ulrike Stopfel

DEUTSCHE VERLAGS-ANSTALT

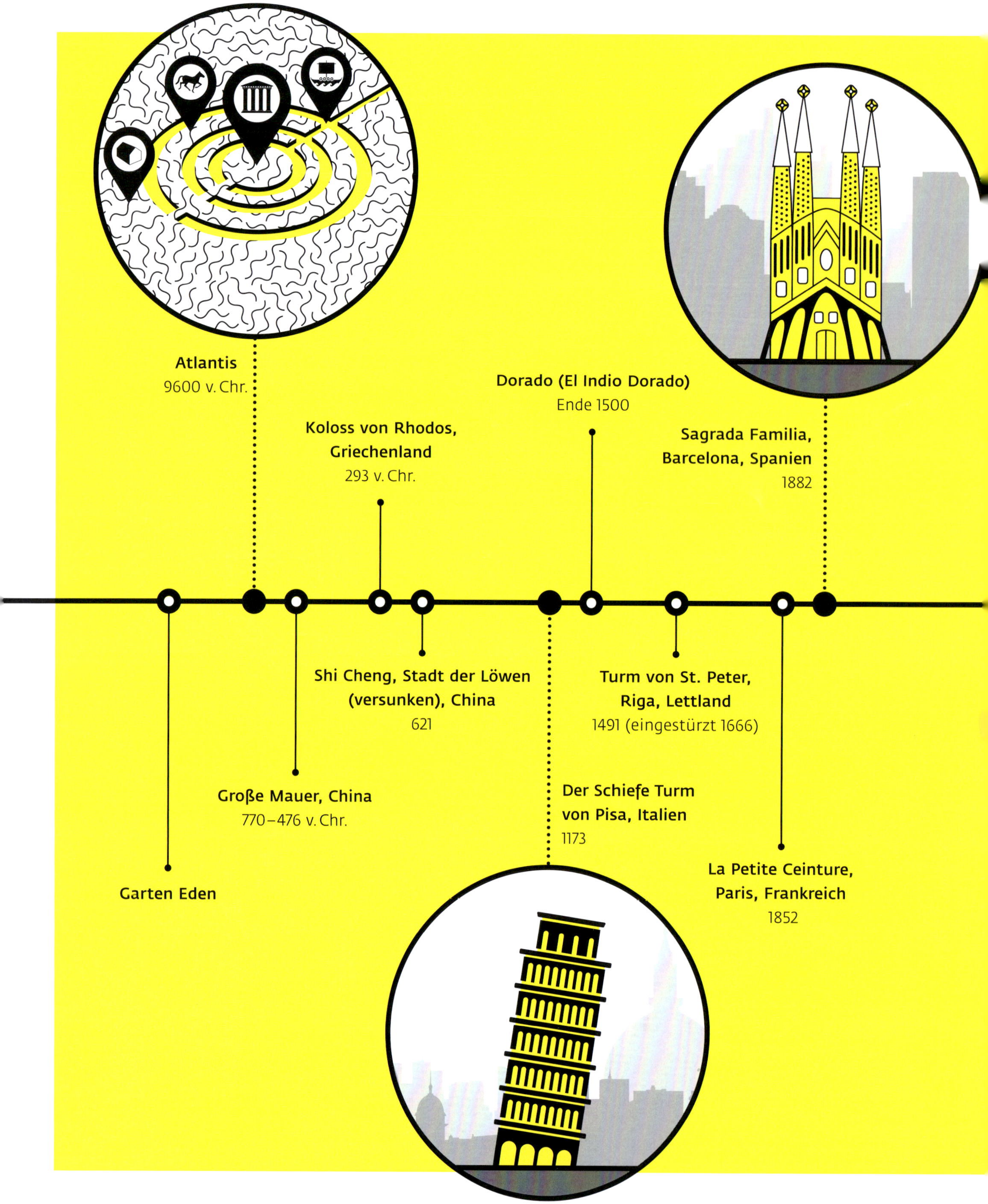
Garten Eden
Atlantis
9600 v. Chr.
Große Mauer, China
770–476 v. Chr.
Koloss von Rhodos, Griechenland
293 v. Chr.
Shi Cheng, Stadt der Löwen (versunken), China
621
Der Schiefe Turm von Pisa, Italien
1173
Dorado (El Indio Dorado)
Ende 1500
Turm von St. Peter, Riga, Lettland
1491 (eingestürzt 1666)
La Petite Ceinture, Paris, Frankreich
1852
Sagrada Familia, Barcelona, Spanien
1882

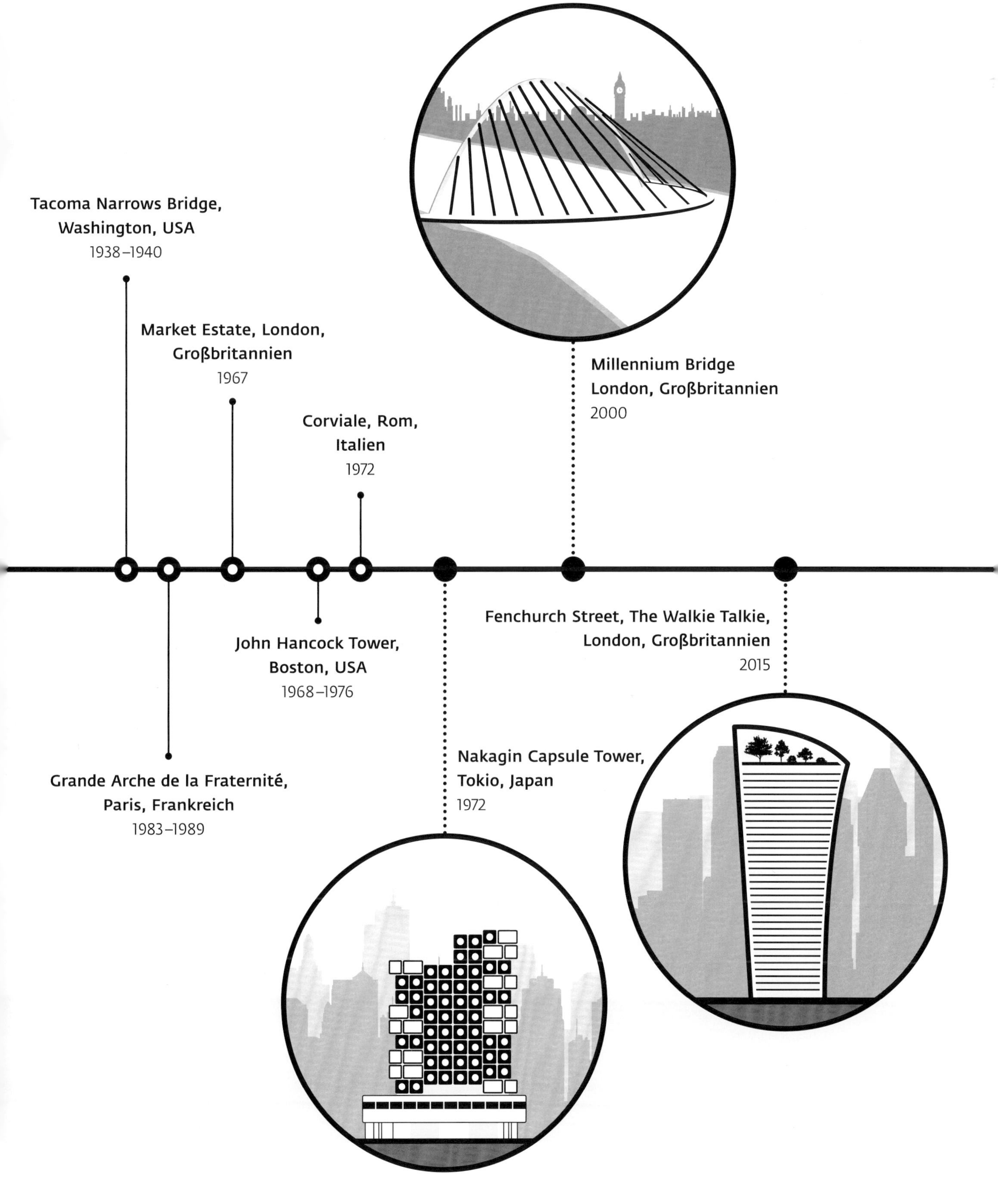
Tacoma Narrows Bridge, Washington, USA
1938–1940
Grande Arche de la Fraternité, Paris, Frankreich
1983–1989
Market Estate, London, Großbritannien
1967
John Hancock Tower, Boston, USA
1968–1976
Corviale, Rom, Italien
1972
Nakagin Capsule Tower, Tokio, Japan
1972
Millennium Bridge London, Großbritannien
2000
Fenchurch Street, The Walkie Talkie, London, Großbritannien
2015

INHALT

MODERNE RUINEN: EIN ÄSTHETISCHER SCHLAG IN DIE MAGENGRUBE?

Alessandro Biamonti

FEHLSCHLÄGE

Dieser Band versammelt eine Reihe außergewöhnlicher architektonischer Fehlschläge – man könnte auch von Archiflops sprechen – und behandelt damit ein in vieler Hinsicht interessantes Thema.

Tatsächlich leben wir ja in einer historischen Periode, in der wir mit Niederlagen und Fehlschlägen ganz anders als bisher umgehen. In erster Linie suchen wir nach einer Begründung dafür, sie als Problem hinter uns zu lassen und als Chance anzugehen. Diese neue Betrachtungsweise des Scheiterns beginnt in der Regel auf der persönlichen Ebene, um dann aber weitergefassten konzeptuellen Dimensionen nachzugehen und damit unter Umständen ganze Gesellschaften oder Nationen in den Blick zu nehmen. Jede Entwicklung, ob auf der technologischen, der philosophischen oder der sozialen Ebene, geht notwendig mit der Überwindung und dem anschließenden Niedergang der Technologien, Denkweisen und gesellschaftlichen Strukturen einher, die ihr vorausgingen. Die Geschichte der Menschen könnte, so gesehen, als ein Prozess der ständigen schichtweisen Überlagerung sowohl von Techniken als auch von Überlegungen und Errungenschaften betrachtet werden, die nicht mehr adäquat sind. Mit anderen Worten, die Geschichte hat sich auf Schichten von Schutt und von Fehlschlägen entwickelt, auf Überresten, mit denen wir Menschen von jeher gelebt haben. Obwohl uns diese Ruinenlandschaften sehr vertraut sind, haben wir noch immer nicht wirklich erkannt und akzeptiert, dass Dinge, Menschen und Gedanken sich an einem bestimmten Punkt unter Umständen als nicht mehr adäquat erweisen und dass genau dieser Umstand häufig den Anstoß für etwas Neues bildet. Das ruft uns die Darwinsche Evolutionstheorie in Erinnerung, derzufolge die unangepassten Arten von der Bildfläche verschwinden. Soweit es die menschliche Spezies betrifft, ist das Schicksal allerdings gnädiger: Menschen können nach einem Fehlschlag weiterleben, ja sogar gestärkt daraus hervorgehen und sich neuen Herausforderungen stellen.

Was den neuen Umgang mit dem Scheitern angeht, so kann die Rede, die Steve Jobs 2005 vor Absolventen der Universität Stanford gehalten hat, als ein Meilenstein und zugleich als Wegweiser betrachtet werden, der dem neuen Jahrtausend eine Richtung vorgeben sollte. Jobs zählte darin die Niederlagen und Misserfolge auf, die er im Laufe seines Lebens erlitten hatte und die seiner Ansicht nach sehr wohl ihren positiven Beitrag zu seinem Aufstieg und seiner glänzenden Karriere geleistet hatten. Die Rede endete mit dem berühmt gewordenen Appell: »Bleibt hungrig! Bleibt verrückt!«

RUINEN

Völker oder Gesellschaften, die das Bauen in dem Sinne verstehen, dass sie der Geschichte ein Zeichen einschreiben, haben Ruinen immer als Teil der Landschaft angesehen. In Italien ist dieses Verständnis weit verbreitet. Hier gab es von jeher die Überreste einer langen Vergangenheit, auf die wir stolz sind, die wir hoch achten und die an unserem Hintergrund, an unserer Lebenswelt, an unserer Gegenwart teilhat. Anders verhält es sich mit der »verfehlten Gegenwart«.
Während wir nämlich die Überreste der Vergangenheit in der Regel wertschätzen – und das gilt genauso für andere europäische Länder –, preisen und akzentuieren, indem wir sie gewissermaßen auf einen Sockel stellen und damit zu »Lehren der Geschichte« werden lassen, verfahren wir mit den Ruinen der Gegenwart anders: Im Allgemeinen tendieren wir dazu, sie zu zerstören oder zu renovieren, in jedem Fall also als Ruinen zu eliminieren. Es ist, als wollten wir die Anzeichen eines Misslingens aus unserem Umfeld tilgen.
Das hat seinen Grund darin, dass die Ruinen der Gegenwart zwar etwas Sublimes an sich haben und uns rühren, dass sie uns zugleich aber auch schaudern lassen.
In gewisser Weise erinnern sie damit ein wenig an die alten Science-Fiction-Filme der 1950er-Jahre, die eine von blechernen Raumschiffen bevölkerte Zukunft imaginierten, in der die Kommunikation per Röhrenradio erfolgte. Wenn wir uns heute ein solches Video auf unserem I-Phone oder auf einem anderen neuen Gerät ansehen, das wir am Handgelenk tragen können, dann mutet uns diese so wenig wirkliche »Zukunft« beinahe rührend an.
Ähnlich angerührt sind wir auch angesichts der »verfehlten Gegenwart« jener Artefakte, die entworfen wurden, um heute etwas zu sein, was sie nicht sind oder nicht geworden sind – die sich also nur noch als die Überreste eines Gedankens präsentieren.
An ihrem physischen Vorhandensein als Ruinen können wir nicht vorbeisehen, aber sie strahlen nichts von der poetischen Schönheit der Überreste der Vergangenheit aus, der Schönheit von Bauten, die Generationen von Künstlern über Jahrhunderte hinweg geschaffen haben. Vielmehr erleben wir hier eine deprimierende Szenerie, die uns schaudern lässt, einen regelrechten ästhetischen Schlag in die Magengrube. Aber zugleich taucht etwas auf, das uns fasziniert, das unsere Sinne gefangen nimmt, das uns einbezieht: Obwohl wir die keineswegs ansehnlichen Reste von Bauten vor uns haben, die nicht oder nicht mehr genutzt werden, können wir für diese Trümmer doch ein Gefühl der Empathie aufbringen, wie es sich beim Anblick historischer Ruinen keineswegs einstellt, weil es uns als den »verfehlten« Bewohnern der Ruinen unserer Gegenwart bei aller Geschichtskenntnis eben

doch schwerfällt, uns an die Stelle und in die Alltagswelt eines alten Römers zu versetzen.
Vielleicht ist das der Grund, weshalb wir diese verrosteten Blechteile, diesen unfertigen Beton und all das langsam zerbröckelnde Material mit besonderer Aufmerksamkeit betrachten – weil wir unsererseits nämlich die »verfehlte« menschliche Komponente darstellen. Diese Ruinen sprechen nicht die toten alten Sprachen, die nur noch wenige Gebildete sprechen und die ansonsten unter dem Sand der Jahrhunderte begraben liegen: Sie sprechen unsere Sprache. Wir sind Teil der gleichen Geschichte, denn wir stehen auf der gleichen Seite der Geschichtsschreibung.

DAS DESIGN DER GEBAUTEN WELT

Ettore Sottsass ist vielleicht derjenige italienische Entwerfer, dem die Welt des Designs die größte kulturelle Hinterlassenschaft verdankt, ein Planer, an dessen Überlegungen die internationale Gemeinschaft der Designer sich orientiert. In seiner Autobiografie lesen wir: »Ich bin ein Freund der Unsicheren, der Verstörten, der Bescheidenen, die verstehen möchten und dabei immer in der Situation desjenigen sind, der nicht verstanden hat. Ich bin ein großer Freund der Ängstlichen.« Mit diesen Worten gesteht Sottsass seine eigene existenzielle Fragilität ein. Das ist für einen Planer des 20. Jahrhunderts etwas Neues, denn es stellt die entschiedene Selbstsicherheit dessen, der sich mit einem Projekt in die Geschichte eingeschrieben hat, infrage. In der Tat ist es in der zweiten Hälfte des vergangenen Jahrhunderts in der Architektur zu einer bemerkenswerten Entwicklung gekommen – ein Phänomen, das aus der Krise der modernen Bewegung entstanden ist. Ungeachtet ihrer erklärten Absicht, einen radikalen Bruch mit der Vergangenheit herbeizuführen, hat die Moderne eben doch die Vision einer Architektur aufrechterhalten, die sich der Geschichte auf dem Weg über starke Zeichen als permanentes Phänomen empfiehlt.
Eben dieses Streben nach Permanenz, von jeher ein Symbol der Macht, hat sich in der Postmoderne des vergangenen und erst recht unseres gegenwärtigen Jahrhunderts, also bezogen auf die Gegebenheiten unserer Gegenwart, als erkennbar unangemessenes Element erwiesen. Die Moderne peilte in bedingungsloser Zuversicht eine positive Zukunft an, die ein Versagen oder Scheitern

nicht dulden würde. Das hatte nach den bitteren Erfahrungen des Zweiten Weltkriegs seinen Grund vielleicht auch darin, dass diejenigen, die es auf sich nahmen, die Orte der unmittelbaren Zukunft zu erschaffen, instinktiv wussten, dass sie sich Fehler nicht leisten durften. Sie spürten, dass sie der Welt verlässliche Bedingungen für ihre weitere Entwicklung und Entfaltung bieten mussten. Diese feste Überzeugung, dieses positive Vertrauen hat vieles gemeinsam mit dem Phänomen des religiösen Glaubens. Über den Glauben wird nicht diskutiert und kann nicht diskutiert werden; er lässt sich aber umsetzen und in der Form des eigenen Werks zelebrieren, zumal mit der Schaffung von Widmungsorten, wie es die berühmten Tempel- und Kathedralen-Erbauer über Jahrhunderte getan haben.

Im Einklang damit hat die Moderne ihre eigenen »Kathedralen« erschaffen – kategorische Strukturen, die sich allerdings wider Erwarten sehr viel rascher als die historischen Kathedralen als fragil, ungeeignet und wartungsanfällig erwiesen haben. Sie empfehlen sich uns daher heute in ihrer nicht vorgesehenen Unvollkommenheit als Ruinen, die es behutsam in unsere Gegenwart einzufügen gilt.

Vielleicht bringt nichts diese anrührende Fragilität der Moderne und zugleich auch ihre Kraft so gut zum Ausdruck wie die aktuellen Bilder von Le Corbusiers Projekt für Chandigarh.

Mit der Anlage von Chandigarh, Gründungsort und Hauptstadt zweier indischer Bundesstaaten, bot sich dem berühmten Architekten die Möglichkeit, sein Verständnis von Stadt architektonisch »schwarz auf weiß« darzulegen.

Die »Silberne Stadt« wurde als großer urbaner Organismus geplant, der vieles mit einem menschlichen Körper gemein hat: Die Grünanlagen fungieren als »Lungen«, das hierarchisch organisierte Straßennetz mit den getrennten Bereichen für Fußgänger und Autofahrer als »Blutkreislauf«. Es ist ein Organismus, der ein ganz außergewöhnliches Vertrauen erkennen lässt, was die Möglichkeiten der Kontrolle sowohl der Architektur als auch des Architekten über die Stadt angeht, einer Kontrolle, die ja in der Absicht antrat, auf einer *tabula rasa* zu agieren und hier eine ganz neue Szenerie zu erschaffen. Heute, ein halbes Jahrhundert später, hat die indische Kultur gegenüber der Kultur der Moderne eine große Vermittlungsleistung erbracht. Sie hat sich den Ort zu eigen gemacht und damit einen Raum geschaffen, der ganz neue Kennzeichen aufweist. Ob das die vom Planer beabsichtigte »Lösung« ist, sei dahingestellt – mit Sicherheit ist es aber eine Situation, die zu interessanten Überlegungen einlädt.

Parallel zum sehr fruchtbaren Wirken der Moderne sind in den letzten Jahrzehnten des 20. Jahrhunderts Überlegungen und Manifestationen aufgetaucht, die zu einer neuen Sicht auf die Architektur sowohl als professionelle Praxis als auch als Schöpferin einer ästhetischen Dimension geführt haben. So hatten der Brutalismus der späten 1950er- und der Dekonstruktivismus der späten 1980er-Jahre den Mut, der Welt eine neue Ästhetik anzutragen, weit weg von den kanonischen Vorschriften des »Schönen«, die immerhin Teil der Poesie der Moderne waren. Diese neue Ästhetik hat viel mit Unvollkommenheit, mit Dekadenz und mit der Fragilität neuzeitlicher Baumaterialien zu tun. Als weiteres und eigenes Phänomen wäre in diesem Zusammenhang auch die japanische Metabolismus-Bewegung der

1960er-Jahre zu nennen. Sie verlangt von der Architektur, »Megastrukturen« zu entwerfen, die sich – eben auf metabolischen Wegen – fortentwickeln, dem Lebensstil der Nutzer anpassen und damit neue urbane Formen generieren können.

Die bedeutsamste Hervorbringung dieser Bewegung, der von Kisho Kurokawa geplante Nakagin Capsule Tower in Tokio, heute zur Hälfte verlassen, ist eine Art ideologisches Heiligtum für (uns) Planungsfetischisten. Ein Laien-Heiligtum, dessen außergewöhnliche, poetische, anrührende Architektur sich heute als ein Relikt präsentiert – und dies nur deshalb, weil das vorgesehene Programm einer Aktualisierung und Weiterentwicklung, das den Turm zum Element einer außergewöhnlichen, poetischen und anrührenden Stadt in ständiger Evolution gemacht hätte, nicht verwirklicht wurde.

Heute betrachten wir solche urbanen Relikte mit anderen Augen, auch dank des Wirkens der zeitgenössischen Künstler, die sich über Jahrzehnte hinweg bemüht haben, uns eine neue Art der Wahrnehmung für die Ausdrucksformen des Unvollkommenen, Dekadenten und Ruinösen näherzubringen. In diesem Zusammenhang muss *Dismaland* genannt werden, das Kunst-Projekt des Streetart-Künstlers Banksy im englischen Ferienort Weston-super-Mare, das die Ruine als Erlebnis und als dasjenige Element präsentiert, auf das der ganze Themenpark ausgerichtet ist. Ruine also als eine Erfahrung, die gelebt werden soll, und dies eben nicht nur in der Form des Betrachtens von Kunstwerken, die sie thematisieren, sondern auch über den Bezug zur dekadenten, unvollkommenen und demütigen *conditio humana* der in diesem Park Beschäftigten und zur projektierten Ineffizienz dieser Einrichtung. Eine deprimierende Erfahrung, für deren Zustandekommen Tausende von Besuchern aus aller Welt »in Bewegung gesetzt« wurden.

Diese Arbeit ist die -zigste Bestätigung dafür, dass es hinsichtlich des Designs der gebauten Welt zu einer radikalen Verlagerung der ästhetischen Bezugspunkte gekommen ist. Dieser Wandel macht es uns heute möglich, uns dem hier vorgestellten Typ des architektonischen Artefakts sehr viel unbefangener und gelassener zuzuwenden. Wir müssen die gebauten Symbole des Scheiterns nicht mehr verstecken oder abreißen, sondern können sie akzeptieren, nicht allein als Elemente der Landschaft, sondern als Teil unseres Umfelds. Die beiden Termini mögen synonym anmuten und werden häufig auch so verwendet, aber sie haben sehr unterschiedliche Bedeutungen. Der Begriff der »Landschaft«, des *paesaggio*, bezieht sich auf das Aussehen beziehungsweise den Anblick eines Territoriums; wir könnten also sagen, dass er eher formal, ästhetisch, deskriptiv konnotiert ist. Die Bedeutung des »Umfelds«, des *ambiente*, ist dagegen schwieriger zu fassen, weil dieser Begriff von diversen Disziplinen (von der Biologie bis zur Mathematik) in Anspruch genommen wird und eher eine Gesamtheit von

Gegebenheiten bezeichnet, die ihrerseits in einem Bezug zum jeweiligen Ablauf und zum Funktionieren auch der einzelnen Komponenten untereinander stehen. Das »Umfeld« ist also eher strukturell konnotiert.
Wir alle wissen zweifellos aus eigener Erfahrung, dass die Ruinen von heute bereits Teil unserer Landschaft geworden sind. Um als Planer in einer aufgeklärten Weise an ihnen tätig werden zu können, müssen wir anfangen, sie mitsamt ihren charakteristischen Merkmalen als Teil unseres Umfelds zu betrachten. Wir müssen Freundschaft schließen mit ihren Schrecken.

EINE NEUE UND ANDERE (= UNSERE) LESART

Die Ruinen, die von der Entwicklung der letzten 100 Jahre zurückgelassen wurden, sind zahlreich und von unterschiedlicher Art. An der Abteilung Design des Mailänder Polytechnikums haben wir im Team versucht, diese modernen Ruinen zu katalogisieren. Dabei wollten wir anfangs eine taxonomische Klassifizierung vornehmen, ein Verfahren, das sich dann aber als ungeeignet und ineffizient erwies.
Angesichts der vielen schwierigen und subtilen Fragen, die sich im Zusammenhang mit diesem Unternehmen auftaten, haben wir uns dann für ein mehr an den Menschen orientiertes, eher erzählendes Verfahren entschieden und die Ruinen unter den – trügerischen – Überlegungen und Hoffnungen zusammengefasst, die hinter der einstigen Planung standen und letztlich wohl der Grund dafür waren, dass die entsprechenden Projekte scheiterten. Begonnen haben wir mit Bauvorhaben, die deshalb fehlschlugen, weil sie auf allzu optimistischen bevölkerungsstatistischen Erwartungen gründeten. Das entsprechende Kapitel trägt die Überschrift »Die Überlegung lautete: Es werden viele Tausende kommen« (S. 22–57) und versammelt Projekte von der kleinen Wohnsiedlung bis zur Megastadt, die alle entschieden überdimensioniert sind (was im Nachhinein zu sagen natürlich nicht schwer ist). Was daraus geworden ist, sind meist weite menschenleere Szenerien, surreale Landschaften von gespenstischer Alltäglichkeit.

In einer Sammlung von Geschichten des Misslingens dürfen auch solche Beispiele nicht fehlen, bei denen der Fehlschlag wirtschaftliche Gründe hat. Unter der Überschrift »Die Überlegung lautete: Es wird riesige Gewinne bringen« (S. 58–95) sind hier solche Fälle zusammengefasst, bei denen Gewinn aus einem Vorhaben erwartet wurde, das dann nicht zustande kam oder aus unterschiedlichen Gründen kläglich endete. Es geht also um Fälle wie etwa eine geplatzte Immobilienblase oder die Schließung einer Mine, aber auch um die häufig selbsternannten, ebenso verrückten wie »poetischen« Mikronationen, die in gewisser Weise an die mutige Verrücktheit eines Don Quichote erinnern.

Zu den Kennzeichen moderner Ruinen zählt zweifellos der starke ästhetische Eindruck: Sie wirken zugleich surreal, poetisch und erschreckend. Vielfach handelt es sich um wahrhaft hässliche Bauten, und dieser Eindruck ist so stark, dass man nicht umhin kann sich zu fragen, wie ein solches Maß an Rücksichtslosigkeit möglich war. Im Kapitel »Die Überlegung lautete: Sie werden es nicht bemerken« (S. 96–137) haben wir eindrucksvolle (und vielleicht nur ein einziges Mal genutzte) ideologische Monumente, riesige Produktionsstätten, in denen die Arbeit nie aufgenommen wurde, sowie solche Projekte zusammengefasst, die aus allen möglichen Gründen die Grenzen des rechtlich Zulässigen streifen beziehungsweise häufig auch übertreten. Einige dieser Bauten sind daher heute überhaupt nicht mehr vorhanden, sie wurden demontiert.

Nichts ist so betrüblich wie das Misslingen eines Vorhabens, das der Unterhaltung und Zerstreuung dienen sollte, aber leider gibt es auch Fehlschläge dieser Art. Es existieren Anlagen, zumeist Themenparks, häufig von riesigen Dimensionen, die der unbeschwerten Freizeitgestaltung dienen sollten, inzwischen aber aus unterschiedlichen Gründen aufgegeben wurden. Im Kapitel »Die Überlegung lautete: Sie werden sich bestens amüsieren« (S. 138–177) stellen wir solche Einrichtungen vor, die in ihrem ruinösen Zustand eine starke emotionale Wirkung erzeugen. Hier spielen die Bilder eine besonders wichtige Rolle: Von den Riesenrädern, an denen inzwischen eine neue Vegetation hochklettert, bis zur zerbrechlichen Leichtigkeit einer aus dem Wasser ragenden Plattform, die irgendjemanden derart ängstigte, dass sie beseitigt wurde.

In Anbetracht des grundsätzlich pädagogischen Anliegens, das wir hier vertreten, und des spezifischen Ansatzes, den

wir dabei verfolgt haben, dürfte es unmittelbar einleuchten, dass wir nach dieser Reise nicht anders können, als unsere Darstellung mit einem Relaunch, einem Neustart, abzuschließen.
Im Kapitel »Aber jetzt ist das Überlegen an uns!« (S. 178–185) geht es um den Entwurf eines neuen urbanen Szenarios. Hintergrund war die Preisgabe eines Gebäudes, das zu Zeiten des Wirtschaftsbooms Teil des neuen Stadtbilds von Mailand gewesen war. Das studentische Projekt galt also dem schwierigen Fall eines aufgegebenen, aber qualitätvollen Bauwerks und brachte ein neues Element in die urbane Typologie.

EINE ANDERE REISE UM DIE WELT

Die zunehmende Präsenz moderner Ruinen in der Welt lässt vermuten, dass dieses Phänomen eine Matrix in den Tiefen unserer menschlichen Natur hat und sich nicht oder zumindest nicht ausschließlich technologisch oder ökonomisch erklärt: Preisgabe also als anthropologische Dimension. Schon immer hat der Mensch sich allmählich von den eigenen Hervorbringungen abgewandt, um weiterzugehen.
Heute sind wir in der Lage, immer außergewöhnlichere Bauten zu errichten, vor allem aber haben wir durch die modernen Medien die Möglichkeit, auch ihre Preisgabe zu dokumentieren und bekanntzugeben. Das bringt riesige Mengen von Informationen, die früher in der lokalen Erinnerung verschüttet lagen, »in Echtzeit« in Umlauf. Information hat also eine neue Dimension, die verhindert, dass Ruinen vergessen werden oder im Boden versinken, eine Dimension, die es ermöglicht, solche Überreste in Form von Texten und Abbildungen bekanntzumachen, und die eine ständige Überwachung gewährleistet.
Diese neue Dimension eröffnet darüber hinaus interessante Überlegungen. Sie hält keine »Lösung« bereit (die vielleicht auch gar nicht notwendig ist), sondern garantiert mittels des Informationsvergleichs, dass je nach Fall differenzierte Maßnahmen möglich werden. Damit öffnet sich ein weites Aktionsfeld für unser Projekt ganz allgemein. Für Planer dürfte es sich empfehlen, dem Ratschlag des Philosophen Franco Bolellis zu folgen, dass »wir aufhören müssen, die Lösungen in der gleichen Schublade zu suchen, in der die Probleme liegen«. In der Tat sollten wir die Lösung für eine misslungene Situation, wie sie von einem System hervorgebracht wurde, eben deshalb in einem anderen System suchen, weil das erste System nicht funktioniert hat. Das Schicksal hat sich erfüllt, und der Versuch, ein fehlgeschlagenes Projekt unter den gleichen Gegebenheiten noch einmal in Gang zu setzen, wäre nichts als triste Nostalgie. Mit anderen Worten, wir müssen uns bemühen, aus den Gegebenheiten auszusteigen, die das Problem hervorgebracht haben, um mögliche andere Szenarien zu erdenken und unter Umständen zu verwirklichen. Das Engagement für solche neuen Szenarien ist mit dem zunehmenden Interesse an diesem Thema bereits verbürgt. Seitdem wir uns in unserem Forschungsteam mit modernen Ruinen beschäftigen, wissen wir auch, dass es weltweit viele Gleichgesinnte gibt, die einschlägige Fotos untereinander austauschen. Und nicht nur Fotos! Wenn man die Recherche

fortsetzt, entdeckt man ein regelrechtes Netz von Informationen darüber, wie man an diese Orte gelangt, die uns nicht so sehr wegen ihrer »Schönheit«, als vielmehr wegen der pathetischen Aura anziehen, die von ihnen ausgeht, wegen ihrer magnetischen Anziehungskraft. Es handelt sich vielleicht um die gleiche Kraft, die Menschen dazu bringt, sich an Steilhänge über eisigen Küsten zu wagen, dürre Steppen zu durchqueren, den Schweredruck des Wassers in den lichtlosen Tiefen des Meeres zu ertragen oder sich der Atmosphäre nicht bewohnbarer unterirdischer Grotten auszusetzen, es also mit solchen Manifestationen der Natur aufzunehmen, die so gut wie nichts mit malerischen Seenlandschaften, mit den Hügeln um Siena oder mit den Stränden der Karibik zu tun haben.
In Bezug auf ihre touristische Anziehungskraft ziehen unsere modernen Ruinen durchaus mit Metropolen wie etwa New York gleich, so wie eine Wüste mit dem klaren Wasser an einem palmenbestandenen Strand gleichzieht. Ebenso wie es Touristen gibt, die ihre Freizeit darauf verwenden, entsprechend ausgerüstet in unwirtliche Naturräume aufzubrechen, finden sich neuerdings auch Gruppen, die sich, gleichermaßen gut (auch emotional!) ausgerüstet, durch ursprünglich von Menschen geschaffene, inzwischen aber wieder verlassene oder jedenfalls nicht mehr genutzte Objekte führen lassen. Da in unserer Welt allen Menschen ein freier Zugang zu immer mehr Orten möglich ist, kann es nicht überraschen, dass soeben eine neue Spielart des internationalen Tourismus aufkommt: Gruppen von Managern besuchen aufgegebene Industrieanlagen, Paare schwören sich auf den Straßen von Geisterstädten ewige Liebe, Großfamilien verlegen ihre Geburtstagsfeiern in niemals in Betrieb gegangene Nuklearanlagen etc., so wie die Menschen seit Jahrhunderten das Kolosseum besuchen, das letztlich ja auch nichts anderes ist als ein aufgelassenes altes Stadion.

EINE ANDERE REISE UM DIE WELT

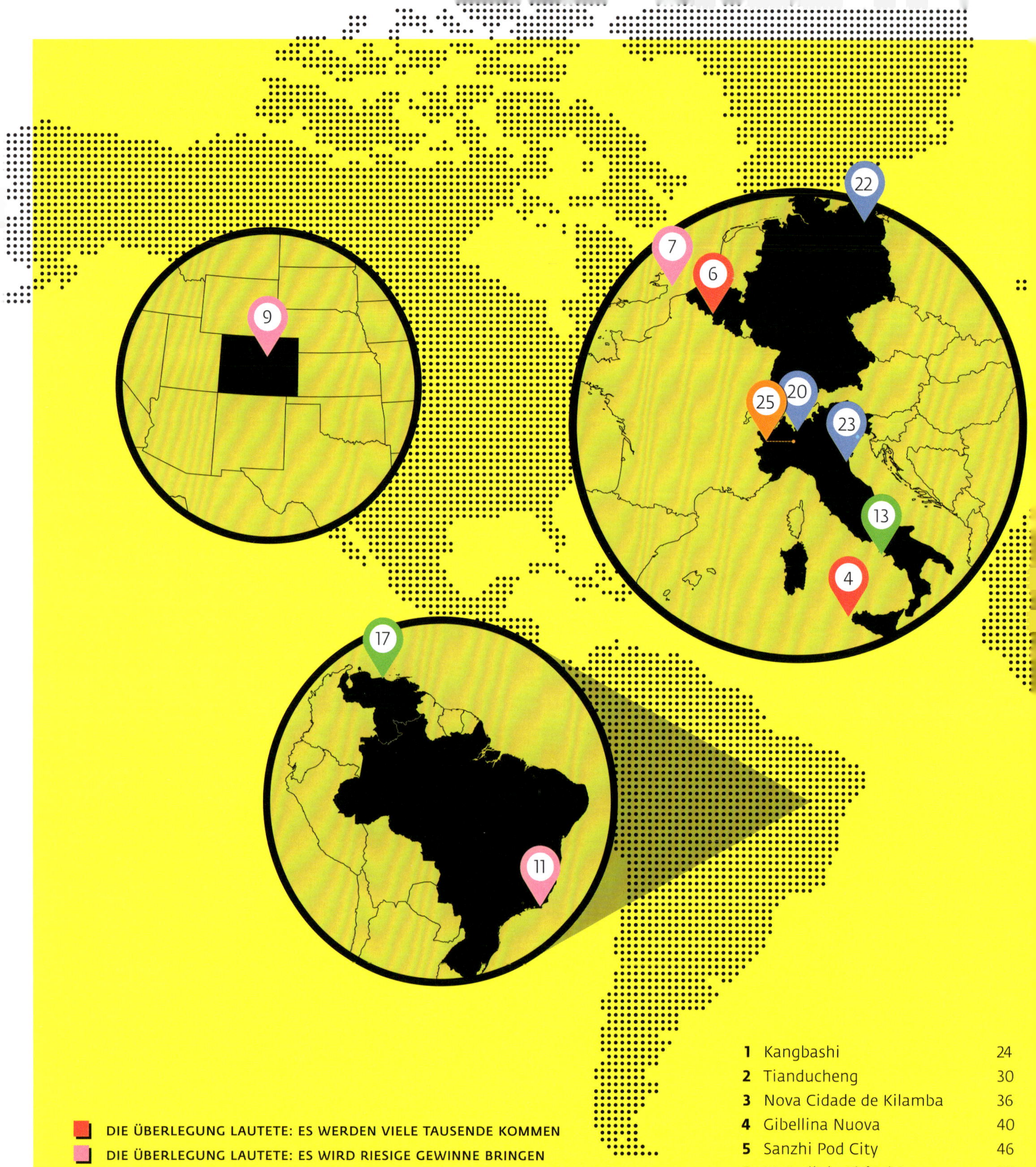

DIE ÜBERLEGUNG LAUTETE: ES WERDEN VIELE TAUSENDE KOMMEN

DIE ÜBERLEGUNG LAUTETE: ES WIRD RIESIGE GEWINNE BRINGEN

DIE ÜBERLEGUNG LAUTETE: SIE WERDEN ES NICHT BEMERKEN

DIE ÜBERLEGUNG LAUTETE: SIE WERDEN SICH BESTENS AMÜSIEREN

ABER JETZT IST DAS ÜBERLEGEN AN UNS!

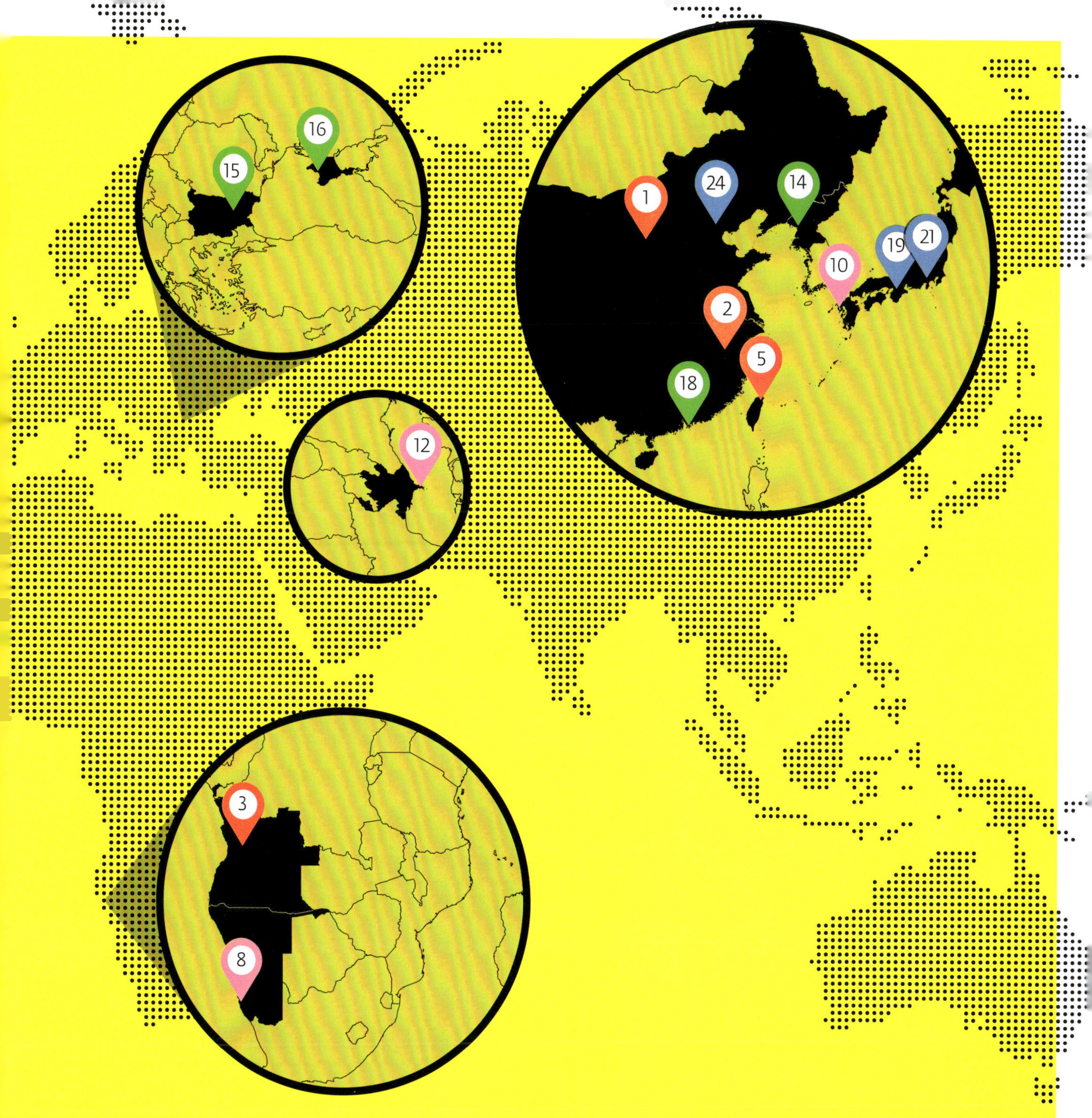
16
15
1
24
14
10
19
21
2
5
18
12
3
8

In diesem Kapitel steht das wichtigste Element jeder Planung, die einer Gemeinschaft gilt, im Mittelpunkt – der Mensch. Wenn die Menschen fehlen, scheitert ein auf eine Gemeinschaft zielendes Projekt. Die Situation ist aber nicht die gleiche wie in Fällen, in denen etwas anderes ausbleibt oder fehlt. Hier haben die Menschen, die kommen sollen, kein entsprechendes Motiv. Es ist traurig, wenn ein Projekt, das für sehr viele Menschen ausgelegt ist, am Ende nicht funktioniert, weil nur wenige davon Gebrauch machen. Besonders dramatisch ist die Situation von Städten, die niemals wirklich zu Städten geworden sind. Sie wurden für viele Tausende, in manchen Fällen sogar für Millionen von Einwohnern geplant und sind so gut wie menschenleer geblieben. Die Stadt als ureigene Ausdrucksform der sozialen Evolution funktioniert nur, wenn sie belebt ist. Das Glücksgefühl an einem schönen Strand, die Freude an einer Landschaft und am Leben ganz allgemein werden häufig durch die Anwesenheit zu vieler Menschen beeinträchtigt, und das Alleinbleiben ist in bestimmten Fällen vorzuziehen. Für eine Stadt gilt das Gegenteil; eine leere Stadt ist eine Stadt, die nicht funktioniert, und das Leben dort gerät zum Drama: Die wenigen Bewohner bewegen sich in menschenleeren Quartieren und über gefährliches Terrain, auf der Suche nach Dienstleistungen, die es nicht gibt. Denn in einer unbewohnten Stadt will niemand ein Geschäft eröffnen.

Was dabei besonders schwer wiegt, ist der Umstand, dass solche »Wüsten« nicht etwa irgendwann verlassen oder aufgegeben worden sind. Es war vielmehr so, dass Menschen hier von Anfang an nicht leben wollten oder konnten. Dieses Phänomen ist weltweit und unter sehr unterschiedlichen sozioökonomischen Gegebenheiten zu beobachten, was es besonders beunruhigend und dramatisch macht. Solche Orte haben nicht geleistet, was ihnen an erster Stelle zur Daseinsberechtigung verholfen hätte: Sie haben es versäumt, einer Gemeinschaft von Menschen ein Gefühl der Zugehörigkeit zu vermitteln.

Damit sind sie die dreidimensionale Repräsentanz des schlimmsten Szenarios, das man sich für eine Planstadt vorstellen kann: leer zu bleiben, nur als ungefüllter Behälter zu existieren, als gigantisches architektonisches Modell des größeren sozialen Projekts.

Hinter jedem Plan steht ein Gedanke, eine Utopie, eine Hoffnung. Bei den vorgestellten Projekten war es die falsche Ausgangsüberlegung, dass viele Menschen die Planvorgaben mittragen würden: »Es werden viele Tausende kommen.« Gerade das ist nicht eingetreten, und diese Städte und Bauwerke, jeweils erdacht für Einwohnerzahlen, die dann bei Weitem nicht erreicht wurden, verkörpern nun einen neuartigen und desolaten Typ der Wüste – die urbane Wüste. (A.B.)

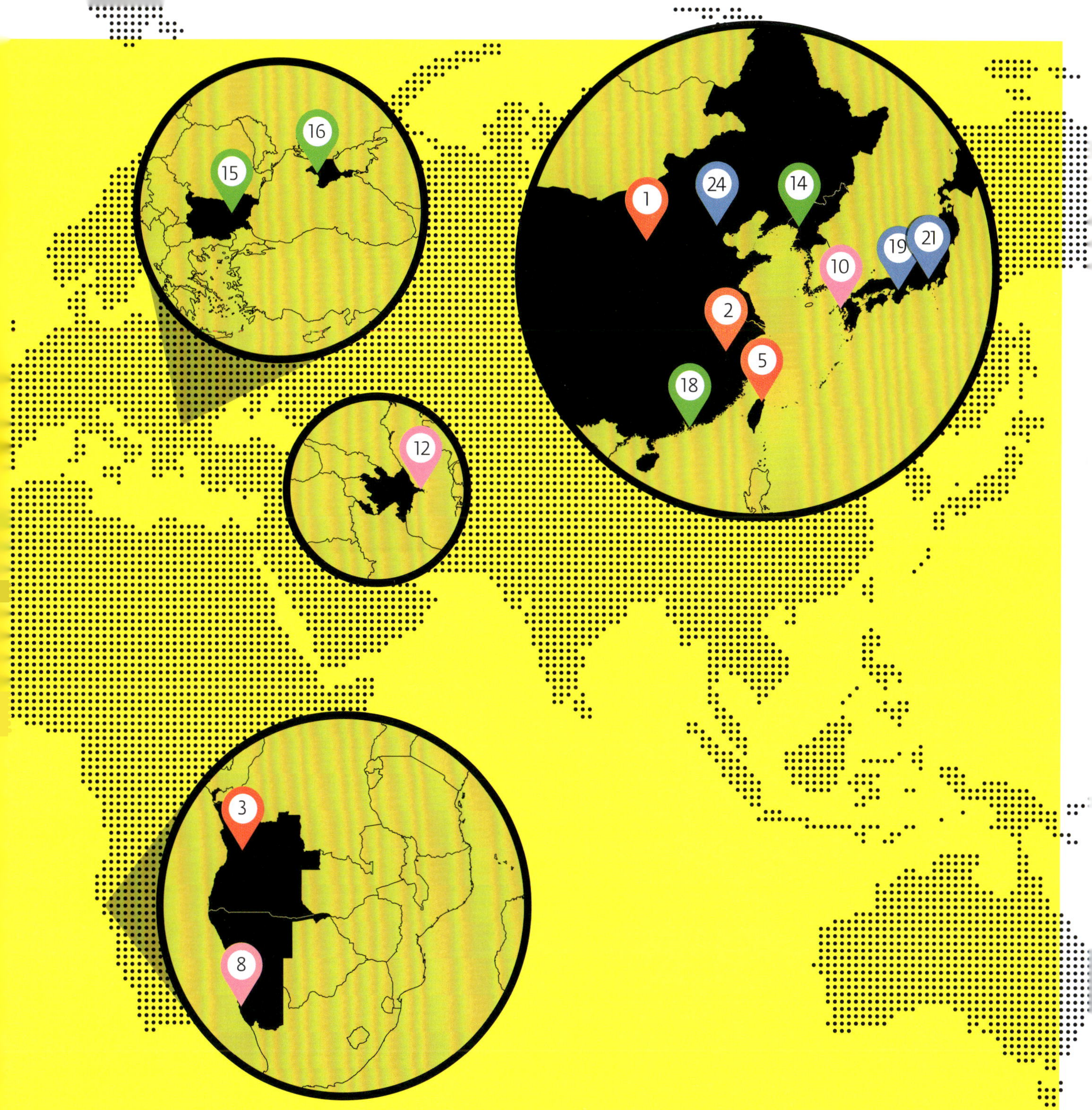
16
15
12
1
24
14
19
21
10
2
5
18
3
8

In diesem Kapitel steht das wichtigste Element jeder Planung, die einer Gemeinschaft gilt, im Mittelpunkt – der Mensch. Wenn die Menschen fehlen, scheitert ein auf eine Gemeinschaft zielendes Projekt. Die Situation ist aber nicht die gleiche wie in Fällen, in denen etwas anderes ausbleibt oder fehlt. Hier haben die Menschen, die kommen sollen, kein entsprechendes Motiv. Es ist traurig, wenn ein Projekt, das für sehr viele Menschen ausgelegt ist, am Ende nicht funktioniert, weil nur wenige davon Gebrauch machen. Besonders dramatisch ist die Situation von Städten, die niemals wirklich zu Städten geworden sind. Sie wurden für viele Tausende, in manchen Fällen sogar für Millionen von Einwohnern geplant und sind so gut wie menschenleer geblieben. Die Stadt als ureigene Ausdrucksform der sozialen Evolution funktioniert nur, wenn sie belebt ist. Das Glücksgefühl an einem schönen Strand, die Freude an einer Landschaft und am Leben ganz allgemein werden häufig durch die Anwesenheit zu vieler Menschen beeinträchtigt, und das Alleinbleiben ist in bestimmten Fällen vorzuziehen. Für eine Stadt gilt das Gegenteil; eine leere Stadt ist eine Stadt, die nicht funktioniert, und das Leben dort gerät zum Drama: Die wenigen Bewohner bewegen sich in menschenleeren Quartieren und über gefährliches Terrain, auf der Suche nach Dienstleistungen, die es nicht gibt. Denn in einer unbewohnten Stadt will niemand ein Geschäft eröffnen.

Was dabei besonders schwer wiegt, ist der Umstand, dass solche »Wüsten« nicht etwa irgendwann verlassen oder aufgegeben worden sind. Es war vielmehr so, dass Menschen hier von Anfang an nicht leben wollten oder konnten. Dieses Phänomen ist weltweit und unter sehr unterschiedlichen sozioökonomischen Gegebenheiten zu beobachten, was es besonders beunruhigend und dramatisch macht. Solche Orte haben nicht geleistet, was ihnen an erster Stelle zur Daseinsberechtigung verholfen hätte: Sie haben es versäumt, einer Gemeinschaft von Menschen ein Gefühl der Zugehörigkeit zu vermitteln.

Damit sind sie die dreidimensionale Repräsentanz des schlimmsten Szenarios, das man sich für eine Planstadt vorstellen kann: leer zu bleiben, nur als ungefüllter Behälter zu existieren, als gigantisches architektonisches Modell des größeren sozialen Projekts.

Hinter jedem Plan steht ein Gedanke, eine Utopie, eine Hoffnung. Bei den vorgestellten Projekten war es die falsche Ausgangsüberlegung, dass viele Menschen die Planvorgaben mittragen würden: »Es werden viele Tausende kommen.« Gerade das ist nicht eingetreten, und diese Städte und Bauwerke, jeweils erdacht für Einwohnerzahlen, die dann bei Weitem nicht erreicht wurden, verkörpern nun einen neuartigen und desolaten Typ der Wüste – die urbane Wüste. (A.B.)

DIE ÜBERLEGUNG LAUTETE: ES WERDEN VIELE TAUSENDE KOMMEN

KANGBASHI

Ordos, China, Asien

Baubeginn: 2004

Baukosten: 160 Milliarden Dollar aus öffentlichen Mitteln

Kangbashi New Area, auch bekannt als Hia Bagx New Area oder Habagexi Subdistrict, ist die jüngste Erweiterung der Stadt Ordos, einer rund 500 Kilometer westlich von Peking in der Inneren Mongolei gelegenen Metropole, und bei Weitem ihr am dünnsten besiedelter Bezirk. Mit dem Bau von Kangbashi wurde im Jahr 2004 begonnen. Die Stadt erstreckt sich über ein gigantisches Areal ähnlich dem einer Megalopolis, hat aber bis heute nicht mehr als 30.000 Einwohner, eine verschwindend kleine Zahl angesichts der Menge der auf diesem Territorium errichteten Wohnblocks, die theoretisch 1 Million Menschen aufnehmen könnten. Das Gebiet, das heute von der Stadt eingenommen wird, gehört zu den rohstoffreichsten Gegenden Chinas: Hier finden sich rund ein Sechstel der gesamten Kohle- und etwa ein Drittel der gesamten Erdgasvorkommen des Landes. Eine Folge des mit dem Abbau dieser Ressourcen angehäuften Reichtums war die von der chinesischen Regierung geförderte Bauspekulation. Um Kangbashi zu realisieren, wurden 160 Milliarden Dollar an öffentlichen Geldern ausgegeben. Kangbashi New Area, nach der Jahrtausendwende von der chinesischen Regierung beschlossen, war ein imposantes städtebauliches Projekt: Vorgesehen war, ein neues Wohngebiet hochzuziehen und die Wohnungen dann an neue Einwohner zu verkaufen.

Die Stadt weist gigantische Platzanlagen, ungewöhnlich breite Straßen und unverhältnismäßig hohe Gebäude auf. Besonders merkwürdig ist allerdings, dass die öffentlichen Einrichtungen nahezu ausnahmslos funktionieren. In der Regel hat ein Ort mit 30.000 Einwohnern, wie sie in China auch in Bergdörfern gezählt werden, keinen Flughafen, keine Krankenhäuser und kein öffentliches Transportsystem. In Kangbashi ist all das vorhanden, aber dafür fehlt es an dem, was einen so massiven Einsatz an Energien und öffentlichen Mitteln rechtfertigen könnte – an Menschen. Die Wohnungen in den vielen Hochhäusern stehen zum großen Teil noch immer leer, und die Stadt ist als solche kaum zu definieren. Was ihr gänzlich fehlt, ist das typische »geordnete Chaos« fernöstlicher Riesenstädte. Die Kräne auf den Baustellen stehen still, in Erwartung neuer Aufträge, und öffentliche Orte wie etwa die Moschee sind geschlossen.

Das anfängliche Ziel der chinesischen Regierung lautete, mindestens eine 1 Menschen in dem neuen Quartier an der südwestlichen Peripherie von Ordos anzusiedeln; später wurde diese Zahl revidiert, und es war nur noch von etwa 300.000 Menschen die Rede. Quellen von 2010 sprechen allerdings von nicht mehr als 28.000 Bewohnern. Viele von ihnen sind ehemalige Bauern aus anderen Gegenden Chinas, die gezwungen waren, in die zukünftige Metropole zu ziehen, nachdem die Regierung ihnen ihr Land weggenommen hatte. Diese unfertige, mit den Gewinnen aus der Kohleförderung finanzierte Megastadt hat in der Tat alle mit einer gewaltigen Bauspekulation einhergehenden Probleme an sich erfahren, in diesem Fall noch verschlimmert dadurch, dass das Geschäft mit der Kohle starken und anhaltenden Fluktuationen unterworfen ist. Fahndungsfotos von Bauherren und Investoren, die sich hochverschuldet aus dem Staub gemacht haben, sind in Kangbashi nichts Ungewöhnliches.

WISSENSWERTES

Fanatische Videospiel-Freaks fühlen sich durch Kangbashi vielleicht an das Haus Ordos aus dem Videospiel *Dune 2000* erinnert, das auf die Fantasy-Romane vom Wüstenplaneten zurückgeht, aber davon ist hier nicht die Rede. Hier geht es vielmehr um die jüngste Erweiterung der in der Inneren Mongolei gelegenen Stadt Ordos.

In einer der reichsten Gegenden Chinas, in der Schätzungen zufolge ein Sechstel des gesamten fossilen Kohlevorkommens des Landes ansteht, dehnt sich ein riesiges, de facto unbewohntes Quartier aus. Ökonomen, Journalisten und Fotografen befassen sich schon seit 2010 mit diesem merkwürdigen Phänomen; 2013 wurde hier der englische Dokumentarfilm *The Land of Many Palaces* gedreht, und unlängst hat die renommierte *New York Times* über das Desaster dieser potenziellen Metropole berichtet und sie dabei als eine Art Disneyland bezeichnet, »in dem es von kitschigen Monumenten wimmelt«.

Ordos ist über den Flughafen Dongsheng zu erreichen; Besucher aus dem Ausland können auf den Flughäfen Taoyauan oder Yinchuan landen und dann per Zug oder Bus weiterreisen oder aber einen kurzen Inlandsflug anschließen.

Auf den folgenden Seiten:

Das von der Form einer Düne inspirierte Museum von Kangbashi und die Nationalbibliothek, die in ihrem Aufbau an drei schrägstehende Bücher erinnert, warten noch auf Besucher.

TIANDUCHENG

Tianducheng, China, Asien

Baubeginn: 2007

Bezeichnet als »das Paris Chinas«

Tianducheng liegt an der Peripherie der Metropole Hangzhou in der Provinz Zhejiang und erstreckt sich über 31 Quadratkilometer. Wie eine Reihe weiterer Städte in China nimmt auch Tianducheng für sich in Anspruch, die getreue Kopie einer europäischen Stadt zu sein.

In der Tat ist Tianducheng eine perfekte Reproduktion von Paris. Die Stadt ist durch den ausgeprägt französischen Stil gekennzeichnet, in dem die Häuser, die Plätze mit ihren Brunnen und die immer in Blüte stehenden und sorgsam gepflegten Gärten gehalten sind; überdies birgt sie eine Nachbildung der Gärten von Versailles und des Eiffelturms.

Diese Kopie des Symbols der Stadt Paris ist nahezu identisch mit dem Original, aber mit ihren 108 Metern nur etwa ein Drittel so hoch.

Auf dem Weg durch die Stadt stößt man auf einem der großen Plätze, der den Namen Champs Élysées trägt, auf den Nachbau eines Brunnens aus dem Jardin du Luxembourg.

Mit dem Bau der Stadt für eine geschätzte Zahl von mehr als 10.000 Einwohnern wurde 2007 begonnen. Entgegen den Voraussagen und dem wirtschaftlichen Boom, der China in jenen Jahren kennzeichnete, lebten in der zweiten Hälfte des Jahres 2008 hier allerdings nur etwa 1000 Personen. Heute hat Tianducheng 2000 Einwohner; die lokalen Medien sprechen von einer Geisterstadt.

Dass die potenziellen Bewohner wegbleiben, ist der geografischen Situation zuzuschreiben: Umgeben von bestellten Feldern, ist die Stadt nur schwer über gewundene Landstraßen zu erreichen. Im Laufe der Zeit ist sie allerdings zum gefragten Setting für Hochzeitsfotos und zum Ziel surrealer Ausflugsfahrten geworden. Man kann hier durchaus auf ein Gefährt mit einem livrierten Kutscher stoßen, der Hochzeitspaare bis vor das Portal einer auf einer kleinen Anhöhe gelegenen, gelb gestrichenen Kirche bringt: Vor einem Altar mit Kruzifix zelebriert ein chinesischer Priester dort Trauungen nach dem »westlichen« Ritus.

Die Ladenlokale sind bis heute nicht vermietet, und da die Wohnungspreise sehr hoch sind, breiten sich neben den luxuriösen Appartementhäusern allmählich Baracken und ungepflegte Wohncamps aus.

WISSENSWERTES

In China hat man sich nicht darauf beschränkt, den berühmtesten Vergnügungspark der Welt nachzubauen, sondern auch versucht, ganze Städte zu kopieren, und damit auch in diesem Fall ein desaströses Ergebnis erzielt.
Die Stadt Tianducheng, im Weichbild von Hangzhou entstanden, wird über den 27 Kilometer östlich des Stadtzentrums gelegenen lokalen Flughafen erreicht. Es ist nicht der erste Fall von »Europa made in China«. In Pudong kann man ein deutlich an der europäischen Wiege der Renaissance orientiertes »Florentia Village« und ein »Holland Village« finden, während sich unweit von Shanghai die sogenannte Thames Town befindet, eine getreue Reproduktion britischer Straßen und Wohnbauten.
Eine Besonderheit, die man sich nicht entgehen lassen sollte, ist der Westsee, der mit seiner Umgebung zum Weltkulturerbe erklärt wurde. Er beherbergt vier Inseln, von denen eine den besonders suggestiven Namen »Kleine Feeninsel« trägt und ihrerseits einen weiteren See beherbergt. Dieser Umstand hat zur Entstehung eines chinesischen Spruchs geführt, der besagt, dass »der See eine Insel und die Insel einen See« tragen.

Links: Die (im Maßstab verkleinerte) Kopie des Eiffelturms, umgeben von Gärten und Wohnquartieren.

KILAMBA

Luanda, Angola, Afrika

Eröffnet am 11. Juli 2011

Die Stadt wurde in weniger als drei Jahren durch das chinesische Staatsunternehmen CITIC errichtet

Nova Cidade de Kilamba, 20 Kilometer von Angolas Hauptstadt Luanda entfernt, ist eine Stadt, die man als Phantom bezeichnen kann. Auf einer Fläche von 54 Quadratkilometern wurden hier 82.000 Wohnungen sowie die Verwaltungsgebäude des neugeschaffenen Distrikts Belas geplant. Mittlerweile stehen hier 750 achtstöckige Wohnbauten, dazu ein Dutzend Schulen sowie Hunderte von Ladenlokalen, das Ganze dazu gedacht, eine halbe Million Menschen aufzunehmen. Nova Cidade de Kilamba wurde in weniger als drei Jahren von der staatlichen chinesischen Gesellschaft CITIC (China International Trust and Investment Corporation) hochgezogen.

Das Projekt ist das Ergebnis eines Ölgeschäfts zwischen den Regierungen von Angola und China. Angola, der erste Öl-Exporteur auf dem Afrikanischen Kontinent, hat China den bevorzugten Zugang zu dieser wichtigen Energieressource eingeräumt.

Als Gegenleistung verpflichtete sich die chinesische Führung, Wohnbauten für eine halbe Million Angolaner zu errichten, um der erheblichen Wohnungsnot in diesem Land zu begegnen. Tatsächlich hatte der angolanische Staatschef im Wahlkampf 2008 versprochen, innerhalb von vier Jahren 1 Million Wohnungen errichten zu lassen. Der Bau von Nova Cidade de Kilamba scheint sich daher nahtlos mit den Wahlversprechen der Regierung zu decken, die an dieser Abmachung festhält und sie als großen politischen Wurf darstellt; tatsächlich dürften sich dahinter gewisse Fehleinschätzungen verbergen. Der größte Teil der Angolaner lebt nämlich auch heute noch in quasi nomadischen Siedlungen, in denen es keinen elektrischen Strom, kein Trinkwasser, keine Schulen und keinerlei Art von Gesundheitsversorgung gibt.

Dessen ungeachtet dient Nova Cidade de Kilamba als Schauplatz offizieller Werbevideos, in denen glückliche Familien den neuen Lebensstil genießen – fern vom Chaos der Hauptstadt und fern von den Barackensiedlungen der Peripherie, in Häusern, die modernsten Komfort bieten. Allerdings handelt es sich bei den »Familienmitgliedern« um Schauspieler. Tatsächlich sind erst 220 von den zunächst angebotenen 2800 Wohnungen verkauft worden. Ganze Straßenzüge, in unterschiedlichen Farben gehalten, stehen leer.

Auf Autos trifft man in der Stadt kaum, und bei den Menschen, denen man begegnet, handelt es sich meist um chinesische Arbeiter, die mit der Fertigstellung der letzten Wohnbauten beschäftigt sind. Die Ladenlokale sind nicht vermietet, und bisher ist nur ein einziges Kaufhaus an einem der Stadteingänge eröffnet worden. Sich mit Lebensmitteln zu versorgen, ist in dieser Stadt natürlich nicht ganz einfach.

WISSENSWERTES

Angola zählt zu den reichsten Staaten Afrikas: Das Land ist einer der wichtigsten Öllieferanten des Schwarzen Kontinents und besitzt überdies zahlreiche und ergiebige Diamantenminen. Auch deshalb war der angolanische Pavillon einer der größten auf der Expo 2015 in Mailand, während fast alle anderen afrikanischen Staaten sich in den verschiedenen thematischen Pavillons jeweils vereint unter dem gleichen Dach präsentierten.
Dem internationalen Beratungsunternehmen Mercer zufolge war Angolas Hauptstadt Luanda im Jahr 2015 die teuerste Stadt der Welt, teurer als New York und London.
Natürlich konnte der Ressourcenreichtum des Landes den chinesischen Magnaten nicht gleichgültig sein, die sich in Angola ebenso wie in anderen Teilen Afrikas niedergelassen und im Tausch gegen Ölkonzessionen ganze Städte hochgezogen haben. Eine davon ist Kilamba, das allerdings für die Bewohner dieser Gegend bis heute zu teuer ist.

GIBELLINA NUOVA

Provinz Trapani, Italien, Europa

Baubeginn 1971, Abschluss der ersten Urbanisierung 1976

Vordenker und Förderer: der Bürgermeister Ludovico Corrao

Im Januar 1968, als ein Erdbeben das Belice-Tal heimsuchte, wurde der alte Ort Gibellina vollständig zerstört. Acht Jahre später wurde ein gleichnamiger Ort an anderer Stelle und in sehr anderer Form aufgebaut. Heute, ein halbes Jahrhundert nach der Katastrophe, ist Gibellina Nuova noch immer auf der Suche nach einer unverwechselbaren Identität. Es hat einen Grundriss in der Form eines Schmetterlings, des Symbols der Wiedergeburt, und bewahrt als »Museum unter freiem Himmel« unzählige Kunstwerke, die hier zusammengetragen wurden, um dem Ort eine Seele zu geben: An jeder Straßenecke finden sich Skulpturen, Installationen und Kleinarchitekturen, in Auftrag gegeben vom einstigen Bürgermeister Ludovico Corrao, um das Lebensgefühl der Bewohner mithilfe einer modernen visuellen Sprache zu steigern.

Gibellina Nuova besitzt viele offene Bereiche, aber das Areal ist zu weitläufig, die Häuser stehen zu weit voneinander entfernt, es gibt kein Zentrum, und es leben zu wenig Menschen auf diesem ausgedehnten und mit Meisterwerken bestückten Territorium. Nach dem Wiederaufbau wurde Gibellina eine Zeitlang zum florierenden touristischen Ziel, aber bald darauf setzte der Niedergang ein, weil es dem Ort nicht gelang, Vergangenheit und Gegenwart miteinander zu versöhnen.

Der Tourismus führt inzwischen ein Nischendasein und schrumpft weiterhin. Dabei würde der Ort es verdienen, kulturell wieder zum Leben erweckt zu werden und sich in der Folge auch wirtschaftlich wieder spürbar zu erholen. Einerseits möchte Gibellina Nuova seine agrarische Prägung bewahren, andererseits hat es aber eine völlig neue Realität angenommen: Es gehorcht allein ästhetischen Prinzipien, die mit dem Leben seiner Bevölkerung nichts zu tun haben. Entsprechend gelingt es den hier lebenden Menschen nicht, sich mit diesem Stück Erde zu identifizieren.

Auch wenn der Wille vorhanden war, einen Zusammenhang von Landschaft, Kommune und Architektur zu begründen, erweist sich das Ganze doch als eine »schwebende«, eine entfremdende Realität: ein verlassener Ort, bewohnt von gigantischen Kunstwerken.

WISSENSWERTES

Elf Kilometer entfernt von Gibellina Vecchia, dem alten Ort, der durch das Erdbeben zerstört und dann verlassen wurde, liegt Gibellina Nuova. Dass diese neue Siedlung entfremdend wirkt, liegt daran, dass hier einerseits zu wenig Menschen wohnen (was übrigens auch schon in den Jahren vor dem Erdbeben im »alten« Gibellina der Fall war) und andererseits zu viele Objekte die halbverlassenen Straßen zieren – Schöpfungen namhafter Künstler. Genannt seien hier Mimmo Paladinos Montagna di sale, Mimmo Rotellas *Omaggio a Tommaso Campanella* und Pietro Consagras *Stella di ingresso al Belice*. Weitere Kunstwerke stammen von Accardi, Cascella, Pomodoro, Melotti und Alessandro Mendini. Alberto Burri, einst ein Star der Messen für zeitgenössische Kunst, ist mit seinem *Cretto* vertreten, einer dicken Zementschicht, die sich über die Trümmer der alten Stadt legt und auf diese Weise die Erinnerung an sie wachhält.

Die auf den vorhergehenden Seiten wiedergegebenen Kunstwerke wurden der Stadt geschenkt: Ein Museum unter freiem Himmel, dessen Unterhalt keine leichte Aufgabe ist.

S. 41: Die Skulptur *Città del Sole* (Hommage an Tommaso Campanella) von Mimmo Rotella (1987), die *Torre Civica* von Alessandro Mendini (1988) und die Folge *Città di Tebe* von Pietro Consagra (1988).

S. 42/43: Franco Purini und Laura Thermes, *Il Sistema delle Piazze* (1982–1991).

Links: Die Hauptkirche, ein Bau von Ludovico Quaroni. Mittels der Rundkuppel verbindet sich hier die Kugel, das Sinnbild des Universums und der Unendlichkeit, mit dem Quadrat, dem Sinnbild der menschlichen Vollkommenheit.

SANZHI POD CITY

Sanzhi, New Taipei City, Taiwan, Asien

Baubeginn: 1978
Abbruch: 2008

Errichtet als Feriensiedlung; genutzt auch von amerikanischen Offizieren, die in Ostasien stationiert waren

Bei den »Ufo«-Häusern von Sanzhi Pod City handelte es sich um eine Reihe aufgegebener kokonförmiger Bauten im Distrikt Sanzhi der Stadt New Taipeh. Sanzhi Pod City scheint einem Science-Fiction-Film der 1960er- oder 1970er-Jahre entsprungen und war ein ganz und gar mysteriöser Ort.

Die Gebäude ähnelten dem vom finnischen Architekten Matti Suuronen entworfenen Futuro-Haus, von dem es einige Exemplare auch auf Taiwan gibt. Die Bauten bestanden aus glasfaserverstärktem Polyester, Polyurethan und Acrylglas; sie waren 4 Meter hoch und hatten einen Durchmesser von 8 Metern. Die Eingangstür, ein typisches, unter Sammlern beliebtes Detail, erinnert an eine Flugzeugtür.

Mit dem Bau von Sanzhi Pod City wurde 1978 begonnen; die Arbeiten wurden aber bereits 1980 unterbrochen. Die Idee, Wohnbauten zu realisieren, die in ihrem Aussehen an ein Ufo erinnern, stammte von dem Kunststoffhersteller Sanjhih Township Yu-chou Co., der an neuen Anwendungsmöglichkeiten für seine Produkte interessiert war. Ursprünglich waren diese Häuser als Feriendomizile für reiche Großstädter gedacht, die sich an den Wochenenden vom Leben in den Metropolen erholen wollten. An der Nordküste Taiwans unweit von Tamsui gelegen, waren sie auch bei den in Ostasien stationierten amerikanischen Offizieren sehr beliebt. Je nach Standort trugen sie unterschiedliche Farben: Im Westen waren sie rot, im Osten rosa, im Süden blau und im Norden weiß. In architektonischer Hinsicht hatten diese Module den Vorteil, dass ihnen weitere Teile hinzugefügt werden konnten, sodass sich die Wohnfläche mühelos vergrößern ließ. Der luxuriösen kleinen Ansammlung von Ferienhäusern war ein Deich als Schutz vor dem Meer vorgelagert. Alle Häuser besaßen Fußböden aus Marmor. Die Siedlung verfügte über einen für die damaligen Verhältnisse avantgardistischen Vergnügungspark und bot weitere einzigartige Komfortleistungen.

Dennoch wurde das Projekt im Jahr 1980 aufgegeben. Die lokale Folklore beharrt darauf, dass die Seelen der auf diesem Territorium begrabenen holländischen Soldaten durch die Bauarbeiten gestört worden seien. Nach einer anderen Erklärung hatte die Verbreiterung einer in der Nähe verlaufenden Straße die Statue eines chinesischen Drachens verärgert, was wiederum den Häusern Unglück brachte. Was auch immer hinter diesen Legenden steckt – der wirkliche Grund dafür, dass die Bauarbeiten nicht fortgeführt wurden, dürften finanzielle Schwierigkeiten gewesen sein. Die Ufo-Häuser von Sanzhi blieben mehr als 30 Jahre lang unbewohnt.

Zum Ende des Jahres 2008 sollte die Siedlung abgerissen werden, ungeachtet einer Online-Petition, deren Verfasser eines der Häuser erhalten und in ein Museum verwandeln wollten. Tatsächlich begannen die Abrissarbeiten am 29. Dezember 2008. Bis zum Jahr 2010 waren alle Ufo-Häuser abgebrochen und die Umwandlung des Geländes in einen Handels- und Badeort mit angeschlossenem Wasserpark geplant. Bis heute ist davon nichts realisiert worden.

WISSENSWERTES

Während Sanzhi Pod City manchen Kommentatoren als höchst geheimnisvoller Ort erscheint, um den sich alle möglichen Legenden von Aliens und paranormalen Erscheinungen ranken, handelt es sich in den Augen anderer um den klassischen Fall einer misslungenen Stadtplanung. In jedem Fall bot das, was auf dem Papier ein Ort der Muße und der entspannten Wochenenden für die gutsituierten Bewohner der Gegend werden sollte, am Ende den Anblick eines verlassenen Filmsets.
Sanzhi Pod, an der Nordküste Taiwans östlich von Tamsui gelegen und über die Provinzstraße 2 zu erreichen, könnte von einem mit Science-Fiction-Filmen vertrauten Bühnenbildner stammen. Für manche Beobachter ist der Ort von retrofuturistischen Tendenzen inspiriert.
Sanzhi ist ein Bezirk von Neu-Taipeh, der bevölkerungsreichsten Stadt Taiwans, das auch als Formosa oder Republik China bekannt ist (nicht zu verwechseln mit der sehr viel größeren Volksrepublik China, deren Hauptstadt Peking ist). Taipeh ist ein Ort, der durch das enge Nebeneinander von Ultramodernität und ferner Vergangenheit betört.

Die endgültig aufgegebenen Ufo-Häuser, Wohnmodule im Distrikt Sanzhi in Taipeh, vor dem im Jahr 2008 erfolgten Abbruch.

METROLINIE CHÂTELET

Charleroi, Belgien, Europa

Baubeginn: 1980er-Jahre

Niemals für das Publikum geöffnet

Die Metro von Charleroi ist berühmt, weil einige Trassen niemals gebaut, nur teilweise realisiert oder zwar fertiggestellt, aber nie eröffnet wurden.
Projektiert wurde die Metro in den 1960er-Jahren als Ringlinie, die mit ihren acht Abzweigungen nach außen und mit 69 Stationen das Stadtzentrum mit den außerstädtischen Bereichen verbinden sollte. Mit dem Bau der Anlage wurde 1974 begonnen; bis heute sind allerdings nur vier Strecken in Betrieb.
Der aufgegebene Zweig der Metrolinie von Charleroi, Châtelet, der 6,8 Kilometer lang ist und acht Stationen verbindet, wurde Anfang der 1980er-Jahre gebaut, aber nie in Betrieb genommen.
Heute liegen an dieser Phantom-Linie vier fertiggestellte Stationen und weitere vier Stationen in unterschiedlichen Stadien der Fertigstellung; ihre Gleise und leeren Bahnsteige haben niemals einen Fahrgast gesehen. Alle Stationen waren in der gleichen Weise angelegt, alle technischen Einrichtungen waren installiert, Ampeln und sämtliche Kontrolleinrichtungen funktionierten, aber vor der Eröffnung war abzusehen, dass die Metrolinie in diesem zu dünn besiedelten Teil der Stadt niemandem dienen würde: Wegen der Krise der Stahlwirtschaft in den 1980er- und 1990er-Jahren kam es zu Wanderbewegungen, die Bevölkerung verließ die Gegend, und damit wurden auch die außerstädtischen Linien überflüssig, ohne die eine Metrolinie für eine Stadt von nur 200.000 Einwohnern nicht zu rechtfertigen gewesen wäre.
Seither sind mehr als 30 Jahre vergangen, und nichts hat sich getan. Die Linie ist niemals eröffnet worden. So gut wie die gesamte Ausstattung wurde mittlerweile gestohlen. Toiletten und Rolltreppen scheinen noch zu funktionieren, aber es gibt keine Versorgung mit elektrischer Energie. Wand- und Bodenverkleidungen sind noch in gutem Zustand, auch wenn die Vegetation allmählich die Oberhand gewinnt.

FUCK LA

WISSENSWERTES

Charleroi, dank der Nähe zum zweitwichtigsten belgischen Flughafen leicht zu erreichen, hat nur etwas mehr als 200.000 Einwohner. In Italien ist die Stadt wegen eines schlimmen Unglücks bekannt: Im Vorort Marcinelle, genauer gesagt im Kohlebergwerk Bois du Cazier (heute stillgelegt und zusammen mit drei weiteren wallonischen Bergwerken in die Liste des UNESCO-Weltkulturerbes eingetragen), verursachte ein Brand am Morgen des 8. August 1956 den Tod von 262 Arbeitern, darunter 136 Italiener.

Aber kehren wir in die Gegenwart zurück: Das Beispiel der liegengebliebenen Metrolinie von Charleroi ist nicht das Einzige seiner Art. Auch in anderen Teilen Europas, so bei den Metrolinien der Weltstädte Paris und London, gibt es »Geisterstationen«: Einige wurden nie eröffnet, manche wurden wieder geschlossen oder diversen anderen Nutzungen zugeführt.

Dieses Kapitel befasst sich mit Projekten, die aus finanziellen Gründen scheiterten. Sie galten Unternehmungen, die erhebliche Gewinne abgeworfen hätten, wenn sie gut gelaufen wären. Unglücklicherweise entwickelten sie sich aber nicht in die gewünschte Richtung oder kamen von Anfang an nicht in Fahrt.
Obwohl sie nicht reüssierten, haben diese Projekte aber doch eine sichtbare Spur, einen merklichen Kratzer auf der Oberfläche unseres Planeten (und manchmal auch in größerer Tiefe der Erde) hinterlassen.
Die Wirtschaft bringt und brachte von jeher viele Projekte in Gang. Ein großes Maß an Forschung auf wichtigen und interessanten Gebieten ist dank der wirtschaftlichen Unterstützung durch Menschen möglich geworden, die auf gewinnträchtige neue Märkte hofften. Dass Forscher dabei auch neue Kulturen entdeckten, ebenso unterschiedliche wie komplexe Formen der Organisation des menschlichen Lebens unter anderen Gegebenheiten, galt dabei manchmal als rein dekoratives und folkloristisches Element. Das Interesse derer, die sich später »Sponsoren« nannten, zielte darauf, ihre Produkte an neue Kunden zu verkaufen oder aber sich neue vorteilhafte Geschäftskontakte zu sichern. Das gilt für das China des Marco Polo wie für das Amerika des Kolumbus, um nur zwei Meilensteine der Geschichte des Zusammenhangs von Markt und Forschertum zu nennen. Wahrscheinlich treibt die Wirtschaft überhaupt alle Projekte an, mit denen eine Bautätigkeit verbunden ist, denn das Bauen ist ja ein bedeutender Gestus und erfordert von jeher einen erheblichen Aufwand an ökonomischen und menschlichen Ressourcen. Es sind gewichtige Energien, die dabei ins Spiel kommen, und dies häufig aus ganz verschiedenen – sozialen, ökonomischen, kulturellen und anderen – Gründen. Wenn einer dieser Gründe überwiegt, geht das Projekt ein Risiko ein: Es könnte zusammenbrechen, wenn dieser »Pfeiler« ausfallen sollte. Bei den in diesem Kapitel vorgestellten Beispielen waren es wirtschaftliche Faktoren, die diesen Pfeiler ausmachten. Wir finden hier also Städte, die entstanden, weil das Land reich an natürlichen Ressourcen war, die sich aber in dem Augenblick, in dem diese Ressourcen erschöpft waren, wieder entvölkerten, weil die Bewohner über das große Projekt des Ressourcenabbaus hinaus keinen Zusammenhalt entwickelt hatten. Und wir finden Projekte, die als Katalysatoren für große Gewinne hätten fungieren sollen und die sich heute als bröckelnde Ruinen präsentieren, weil diese Gewinne sich nicht einstellten.
Die gezeigten Orte und Anlagen wurden von Einzelpersonen, von großen Unternehmen, von Verwaltungsbehörden oder Kommunen gefördert, die sich davon große Gewinne erhofften. Eben das ist aber nicht eingetreten. Dafür bleiben uns monumentale Wracks, die wir betrachten und begreifen müssen – als kleine Wüsten, die ihrerseits häufig von tatsächlichen Sand- oder Wasserwüsten umgeben sind. (A.B.)

DIE ÜBERLEGUNG LAUTETE: ES WIRD RIESIGE GEWINNE BRINGEN

FÜRSTENTUM SEALAND

Sealand, Nordsee, rund 10 km vor der Küste von Suffolk, Großbritannien, Europa

Errichtet: 1942

Von der Militärplattform außerhalb der britischen Hoheitsgewässer zum »Unabhängigen Fürstentum« des Paddy Roy Bates und seiner Familie

Sealand oder die Plattform HM Fort Roughs wurde 1942 als Maunsell-Seefestung zur Verteidigung gegen deutsche Luftangriffe außerhalb der britischen Hoheitsgewässer installiert. Die Konstruktion besteht aus zwei aus dem Wasser aufragenden zylindrischen Stützen, die oben durch eine rund 1300 Quadratmeter große Plattform miteinander verbunden sind. Um das Ganze anzulegen, wurde ein Schleppkahn der britischen Navy auf den Grund der Sandbank Rough Sands versenkt.

Treppen waren nicht vorhanden. Auf die Plattform gelangte man nur mit einer Art Pilotensitz, der von einem Flaschenzug hochgehoben wurde.

Bis zum Ende des Zweiten Weltkriegs waren hier rund 200 Angehörige der Royal Navy stationiert; unmittelbar danach wurde die Plattform geräumt.

1966 wurde sie von Paddy Roy Bates und seiner Familie besetzt. Bates, ein britischer Staatsbürger, war auf der Suche nach einem neutralen Territorium, um dort einen auf Rock- und Popmusik spezialisierten Piratensender einzurichten, und hatte sich nach Beratung mit seinen Anwälten zur Okkupation der Plattform entschieden. Ein Jahr später erklärte er sie zum »Unabhängigen und souveränen Fürstentum«.

Damit wurde aus Roy Bates Seine Hoheit Fürst Roy und aus seiner Frau die Fürstin Joan. Sealand bekam eine eigene Verfassung, eine eigene Flagge, eine eigene Hymne und eine eigene Währung; es stellte Pässe aus, gab Briefmarken heraus, hatte eine Fußballmannschaft und fünf ständige Bewohner. 1968 sah Sealand sich zum ersten Mal einem internationalen Konflikt ausgesetzt: Ein Schiff der Royal Navy näherte sich der Plattform, um eine Ankerboje zu fixieren und die Anlage wieder in Besitz zu nehmen, aber die Bewohner eröffneten das Feuer. Das zuständige britische Gericht sah sich nach eigener Darstellung zur Untätigkeit verurteilt, weil der Fall sich außerhalb des – damaligen – britischen Hoheitsbereichs zugetragen hatte. Bis heute ist dieser Staat von keiner einzigen Nation anerkannt worden.

Im Lauf der Jahre fasste die Familie Bates verschiedene fantastische Projekte ins Auge, die allerdings meist nicht verwirklicht wurden oder von Anfang an zum Scheitern bestimmt waren: vom Kasino in internationalen Gewässern bis zu dem Versuch, ein Refugium für Geschäftsleute oder Hacker und einen elektronischen Datenhafen für sicheres Datenhosting zu schaffen (dieses Projekt scheiterte 2008). Der nächste Versuch bestand im Vertreiben von Souvenirs über die offizielle Website. Im Jahr 2013 entstand der Plan, hier die »Schlüssel« von Cloud-Diensten, Web Proxy und VPN sowie Sicherungskopien auf Hard Disk zu verwahren. Die Plattform wurde auch zum Verkauf angeboten; bisher hat sich allerdings noch kein Käufer gefunden.

WWW.SEALANDGOV.ORC

WISSENSWERTES

Sealand, auf Höhe der Themsemündung in einer Entfernung von etwa 6 Seemeilen vor der Küste von Suffolk gelegen, ist eine selbsternannte Mikronation und keineswegs das einzige Beispiel dieser Art. Auch in anderen Teilen der Welt sind solche Mikronationen aus den unterschiedlichsten Gründen ausgerufen worden – als soziale oder politische Protesthandlung, zu Propagandazwecken, in Anlehnung an ein literarisches Werk oder einen Film oder auch zum reinen Vergnügen.

In der eisigen Antarktis zum Beispiel findet sich das »Großherzogtum Flandrensis«, das einige Inseln der Westantarktis beansprucht und im Jahr 2001 von Travis McHenry zum unabhängigen Staat erklärt wurde – ein »Stück Erde«, das beim Abschluss des Antarktis-Vertrags keinem der beteiligten Staaten zugesprochen worden war.

Auch in Italien gibt es einen solchen Fall: Die rund 300 Einwohner zählende Gemeinde Seborga in der Provinz Imperia bezeichnet sich selbst als »Fürstentum Seborga« und fordert seit Jahrzehnten ihre Unabhängigkeit ein.

SEALAND

KOLMANSKUPPE

10 km östlich von Lüderitz
in der Namib-Wüste, Namibia, Afrika

Baubeginn: 1908; 1954 wegen rückläufigen
Fördervolumens verlassen

Nach dem Fund der ersten Diamanten
auf Anweisung der deutschen Kolonial-
verwaltung errichtet

Kolmanskuppe (Kolmanskop) ist eine in der Namib-Wüste im Süden Namibias gelegene Siedlung, 10 Kilometer von der Hafenstadt Lüderitz entfernt.

Der Ort entstand ab 1908, nachdem Zacharias Lewala, ein beim Bau der Eisenbahnlinie Lüderitz–Aus beschäftigter Arbeiter, zufällig einen Diamanten gefunden hatte und bald darauf Gewissheit darüber bestand, dass diese Zone reich an Diamanten war. Sie wurde daher von der deutschen Kolonialverwaltung als Diamantenmine unter Schutz gestellt.

Der Diamantenabbau erbrachte rasch große Gewinne. So konnten eine Schule, ein Krankenhaus, Ladengeschäfte, ein Theater, ein Festsaal, eine Turnhalle, eine Kegelbahn, ein Elektrizitätswerk, eine Blockeis-Fabrik, ein Kasino und sogar die erste Röntgenstation der Südhalbkugel in Kolmanskuppe gebaut werden, ferner die erste Tramlinie in Afrika – eine Schmalspurbahn – und eine kleine Bahnstation im deutschen Stil. Die etwa 700 deutschen Minenarbeiter, die zum Teil mit ihren Familien in Kolmanskuppe lebten (insgesamt rund 1100 Personen, darunter etwa 40 Kinder), lasen die Edelsteine direkt aus dem Sand. Bedauerlicherweise war die Zeit zwischen der Blüte und dem Niedergang der Stadt recht kurz. Nach dem Ersten Weltkrieg wurden immer weniger Diamanten gefördert; 1954 wurde die Siedlung endgültig aufgegeben.

Bis heute ist Kolmanskuppe ein bekanntes touristisches Ziel. Vom glücklichen Leben von damals sind allerdings nur Erinnerungsstücke geblieben: Die einstigen Behausungen der Pioniere bergen noch die zurückgelassenen Möbel und Gerätschaften und werden so zu einer Art Zeugen der Vergangenheit, während die Natur sich mit der Kraft der Wüste zurückholt, was ihr einst gehörte: Der Sand ist in die Häuser eingedrungen; in einigen Fällen hat er schon die halbe Raumhöhe erreicht und damit eine surreale und gespenstische Atmosphäre geschaffen, die Fotografen, Regisseure und Touristen anzieht. So machen sich jeden Morgen »Geistertouren« von Lüderitz aus auf den Weg, um die Phantomstadt und das Museum zu besuchen, das die Geschichte der Diamantensucher und ihrer Siedlung erzählt.

WISSENSWERTES

Die Geisterstadt Kolmanskuppe in Namibia liegt nur 10 Kilometer entfernt von Lüderitz, das zu den bedeutendsten Städten des Landes zählt.

Lüderitz wird wegen seiner bayrisch anmutenden Architektur auch als »das München der Wüste« bezeichnet. Einflüsse aus der deutschen Kolonialzeit sind aber auch sonst noch vielfach präsent. Der Name der Stadt (die bis 1883 Angra Pequeña, »kleine Bucht«, hieß) leitet sich von dem Bremer Kaufmann Adolf Lüderitz her, der das Terrain kaufte, um hier nach Edelmetallen zu suchen. Zudem ist eine der wichtigsten Straßen von Lüderitz nach Otto von Bismarck benannt, der als Reichskanzler die Zone zum deutschen Schutzgebiet erklärte.

Zusammenstöße mit der lokalen Bevölkerung mündeten in den Genozid an den Herero und Nama: Unweit von Lüderitz liegt Shark Island, einst die Stätte eines Konzentrations- und Internierungslagers, in dem rebellische Eingeborene gefangen gehalten wurden, die sich gegen die Kolonisatoren erhoben hatten.

Die verlassene, im »deutschen Stil« erbaute Stadt Kolmanskuppe mit den im Sand versinkenden Interieurs, die sie heute zu einem beliebten touristischen Ziel machen.

CINDERELLA CITY MALL

Englewood, Colorado, USA

Eröffnet am 7. März 1968, aufgegeben 1995

Zu den Attraktionen zählte ein von 2000 Lämpchen erleuchtetes italienisches Karussell, das 70 Personen aufnehmen konnte

Cinderella City Mall war einmal das größte Einkaufszentrum, das je zwischen Chicago und Los Angeles errichtet wurde. Am 7. März 1968 wurde es nach vierjähriger Bauzeit eröffnet. Zuvor hatte der bekannte Bauunternehmer Gerri Von Frellick 1963 versucht, ein Areal an der East Hampden Avenue in Englewood zu kaufen, um hier sein Projekt einer Einkaufsmeile zu verwirklichen. Der Widerstand einiger Anlieger gegen diesen Plan zwang ihn, auf ein anderes Terrain auszuweichen: Am 25. Januar 1965 erwarb er für 1 Million Dollar das an der West Hampden Avenue gelegene Areal. Bis zur Fertigstellung des Projekts vergingen noch einmal drei Jahre.

Zum Zeitpunkt der Eröffnung erstreckte sich das Einkaufszentrum über eine Fläche von mehr als 125.000 Quadratmetern. Auf den drei Ebenen verteilten sich 250 Geschäfte, dazu Dienstleistungsbetriebe und Restaurants. Das Zentrum beherbergte zudem ein Theater mit mehr als 600 Sitzplätzen.

Tatsächlich setzte es sich aus fünf verschiedenen Einkaufsmeilen zusammen, die jeweils eigene Namen trugen und über einen zentralen überdachten Hof, die »Blue Mall«, miteinander verbunden waren. Die Mitte nahm ein spektakulärer Brunnen ein, der bald zum bekanntesten Symbol der Anlage wurde. Ein zweistöckiges italienisches Karussell, mit 28 handgemalten Paneelen versehen und von mehr als 2000 Lämpchen erhellt, konnte bis zu 70 Personen aufnehmen.

Cinderella City Mall war bis in die frühen 1980er-Jahre hinein ein riesiger Erfolg. Dann verlangsamte sich das wirtschaftliche Tempo, der Konkurrenzdruck wurde stärker, immer mehr Geschäfte gaben auf, und schließlich wurde das Zentrum 1995 endgültig geschlossen. Diese Situation bestand nahezu zehn Jahre lang. Nach der Jahrtausendwende hat die Stadt Englewood auf verschiedene Weise versucht, das Ensemble wieder zu nutzen und so das verlassene Areal aufzuwerten. Die Einkaufsmeile ist durch das CityCenter Englewood ersetzt worden, in dem die Abteilungen der Stadtverwaltung, einige Geschäfte, Wohnungen, eine Bibliothek und andere öffentliche Einrichtungen untergebracht sind.

BLUE

BLUE

MALL

WISSENSWERTES

Englewood, eine Stadt mit wenig mehr als 30.000 Einwohnern, ist bequem über den internationalen Flughafen von Denver zu erreichen, der Hauptstadt des Bundesstaats Colorado. Wer sich für moderne Ruinen begeistert, wird nicht versäumen, das einstige Rekord-Einkaufszentrum zu besuchen, das 1995 geschlossen wurde. Freimaurer und Esoterik-Freunde, die in Denver landen, begeistern sich dagegen für diesen Flughafen, der auf vielen einschlägigen Websites seinen Auftritt hat. Dass die Freimaurerei hier einen Ort hat, scheint mittlerweile unstrittig und ist auch an den vielen Wandgemälden ablesbar, auf denen entsprechende Symbole auftauchen. Mancher schwört allerdings darauf, dass sich schon in der schieren räumlichen Ausdehnung (Denver ist der größte Flughafen der Vereinigten Staaten und der drittgrößte der Welt) ein Geheimnis verbirgt. In den Untergeschossen soll sich eine geheime Basis der Neuen Weltordnung befinden, und zugleich (als ob noch etwas fehlte) sollen sich »außerirdische Wesen« dort aufhalten.

HASHIMA

Nagasaki, Japan, Asien

Baubeginn: 1810

Im Jahr 1959 wurde hier die höchste Bevölkerungsdichte der Welt erreicht

Hashima, eine der 505 unbewohnten Inseln der Präfektur Nagasaki, ist eine künstliche Aufschüttung mit einer Fläche von heute knapp 1 Quadratkilometer. Um 1810 hatte man hier unterseeische Kohlevorkommen entdeckt und mit dem Abbau begonnen. Die Mine ging später in den Besitz von Mitsubishi über. Zwischen 1887 und 1974 trug sie zur Energieversorgung der Stadt Nagasaki bei, die von Hashima per Schiff in einer Stunde zu erreichen ist. Für den Kohleabbau war Hashima so wichtig, dass man beschloss, Hunderte von Wohnungen für die Minenarbeiter und ihre Familien zu errichten, dazu Schulen, Krankenhäuser, eine Sportstätte, ein Kino, Restaurants und Ladengeschäfte. In diesem Zusammenhang entstanden auch die ersten Betonbauten in Japan.

1959 wurde hier die höchste bis dahin jemals in der Welt gemessene Bevölkerungsdichte erreicht: 3450 Einwohner pro Quadratkilometer. Die Behausungen glichen engen Zellen, und die Einwohner waren in eine Art »Kasten« eingeteilt: unverheiratete Minenarbeiter, verheiratete Minenarbeiter, solche mit Familie, Führungskräfte von Mitsubishi, Lehrer.

In der Zeit der stärksten Aktivität verzeichnete die Insel eine intensive Produktion, allerdings zu Lasten der Lebensqualität. Die Bewohner waren, was ihre Versorgung mit Lebensmitteln betraf, auf Lieferungen vom Festland angewiesen. Viele Arbeiter verhungerten oder wurden Opfer der schlimmen hygienischen Zustände.

Als dann das Öl den Vorrang vor der Kohle gewann, war Hashima nicht mehr interessant. Im Jahr 1974 verkündete Mitsubishi die Schließung der Mine.

Obwohl Hashima ein Ort der Mühsal, des Leidens und des Todes war – für Japan ist es auch zum Symbol seiner Nachkriegsentwicklung geworden. Heute ähnelt die Insel einem Friedhof von Gebäuden, die vom Einsturz bedroht sind. Zugleich ist sie wegen ihrer gespenstischen Anmutung aber zum Ziel von Filmemachern und Städtetouristen geworden.

Die Fassaden der Wohnblocks sind eingestürzt und zeigen das Innere der Räume mit Fernsehern der 1970er-Jahre und kaputtem Mobiliar, mit Postern, die noch an den Wänden hängen, mit liegengelassenen Schuhen, Shampoo-Tuben, Zeitungen. In verlassenen Klassenräumen stehen die Stühle und Bänke noch in der gleichen Position vor der Tafel wie in der letzten Schulstunde vor 30 Jahren. Im Jahr 2009 wurde ein Teil der Insel für den Tourismus zugänglich gemacht.

Das Wohnquartier der 1974
aufgegebenen Insel Hashima

WISSENSWERTES

Doppelt so groß wie die Vatikanstadt – und dieser Vergleich ist insofern angebracht, als die Präfektur Nagasaki, zu der die Insel gehört, das Zentrum des japanischen Katholizismus war –, ist Hashima mittlerweile ein Kultort für Ruinenbegeisterte und Freunde der »Industriearchäologie« geworden, jenes interessanten und relativ neuen Zweigs der Bauforschung, der sich mit den Zeugnissen der Industrialisierung beschäftigt. Seit 2009 bieten einige Touristikunternehmen bei gutem Wetter geführte Besichtigungstouren nach Hashima an, und ebenfalls 2009 drehte der schwedische Regisseur Thomas Nordanstad hier, assistiert von einem ehemaligen Bewohner der Insel, einen Dokumentarfilm.

Hashima wird immer wieder in Fernsehsendungen, Filmen und Videospielen gezeigt, und Freunde der James-Bond-Filme werden sich an Szenen aus *Skyfall* erinnern, die von dieser modernen Ruine inspiriert sind.

Hashima, auch bekannt als Gunkanjima (Insel des Kriegsschiffs) oder Midori nashi Shima (Insel ohne Grün), ist ein Muss nicht nur für Alternativtouristen, die Nagasaki besuchen. Die Insel wurde 2015 als Industrieort in das Weltkulturerbe aufgenommen.

Ein charakteristischer Blick ins Wohnquartier, das für die größtmögliche Zahl von Bewohnern konzipiert wurde, um die vorhandene Fläche optimal zu nutzen.

Vorhergehende Seiten: Eine Gruppe von Touristen besucht die Insel.

ABRAHAM-LINCOLN-TURM

Rio de Janeiro,
Brasilien, Südamerika

Baubeginn: 1969

Von den 454 Appartements haben
etwa 250 einen Käufer gefunden

Der unvollendet gebliebene Abraham-Lincoln-Turm steht im Quartier Barra im Südwesten der Metropole Rio de Janeiro, flankiert von seinem Zwilling, dem bewohnten und perfekt funktionierenden Turm, der den Namen von Charles de Gaulle trägt.

Jeder der beiden 110 Meter hohen Türme hat 37 Stockwerke auf kreisförmigem Grundriss und beherbergt 454 Wohnungen. Bis heute heißt der Lincoln-Turm ganz einfach Torre H. Die beiden zylindrischen Gebilde waren ursprünglich Teil eines viel umfangreicheren städtebaulichen Entwicklungsprogramms für Barra, das in den späten 1960er-Jahren von Lucio Costa und Oscar Niemeyer geplant wurde. Beide Architekten waren auch für die hochgelobte Planung von Brasilia verantwortlich, wobei Costa sich auf den städtebaulichen Entwurf konzentrierte, während Niemeyer sich eher den einzelnen Gebäuden widmete. Zusammen erdachten sie für Rio de Janeiro einen ehrgeizigen Plan mit 76 Rundtürmen, organisiert in »Inseln« mit jeweils fünf oder sechs solchen turmartigen Hochhäusern. Ausgedehnte Grünflächen sollten die Inseln voneinander trennen. Jede dieser Inseln umschloss in ihrem Innern Geschäfte, Schulen und die notwendigen Dienstleistungen, wobei die Sicht auf das Meer und eine optimale Luftzirkulation zwischen den Inseln gewährleistet war. Das Projekt insgesamt war als Pilotplan für Barra da Tijuca bekannt. Barra da Tijuca war damals noch ein ziemlich leeres Quartier und bot sich daher für eine solche städtebauliche Planung geradezu an. Anders als in Brasilia befand sich das Territorium hier aber in Privatbesitz. Die großen Pläne Lucio Costas waren also zwar zweifellos optimistisch, aber wohl von Anfang an nicht realisierbar.

Mit dem Bau der ersten beiden Türme wurde 1969 begonnen. Viele Interessenten erwarben Appartements in der ungeduldigen Erwartung, ihr neues Eigentum möglichst rasch beziehen zu können. Die Werbeplakate strotzten vor Begeisterung: »Das Paradies existiert – und zwar hier!« »Ein Hoch auf das Paradies!« »Die neue Art zu leben!« Dabei traf das Projekt von Anfang an auf alle möglichen Hindernisse. Die verwendeten Materialien entsprachen nicht dem geforderten Standard; sehr bald wurden Zweifel laut, was den unkonventionellen Grundriss der Wohnungen betraf; 1972 wurde der Bau des Turms H wegen diverser Probleme konstruktiver Art unterbrochen. Dazu kam, dass das Bauunternehmen Athayde nach einem Rechtsstreit das Terrain bereits an die Käufer übertragen hatte, sodass diese gezwungen waren, die Grundsteuer für städtische Immobilien zu zahlen, obwohl sie ihre Wohnungen nicht betreten konnten. In der Folge rückte man von Costas Stadtplanung ab.

1980 kündigte das Unternehmen Athayde an, dass die Bauarbeiten nun zum Abschluss gebracht würden, und konnte daraufhin weitere Appartements verkaufen. Dessen ungeachtet wurde weithin bezweifelt, dass wirklich beabsichtigt war, das Gebäude fertigzustellen. Im Jahr 2004 kam es zu einer illegalen Besetzung der Baustelle durch mehr als 4000 Personen, und zugleich erklärte Athayde seine Insolvenz und entzog sich damit jeder Verantwortung gegenüber den Eigentümern der niemals fertiggestellten Appartements.

Heute haben rund 250 der insgesamt 454 Appartements einen Besitzer. Die Käufer warten noch immer darauf, dass die Bauarbeiten zum Abschluss kommen. Für diese Hoffnung spricht gegenwärtig allerdings nichts.

WISSENSWERTES

Die hier gezeigten Zwillingstürme sind sehr verschieden. Der eine, nach Charles de Gaulle benannt, ist intakt und funktioniert perfekt, der andere, der Lincoln-Turm oder Torre H, ist niemals fertiggestellt worden.
Beide Bauten befinden sich im Quartier Barra in Rio de Janeiro, und wenn man von der Schönheit dieser Stadt, der einstigen Hauptstadt Brasiliens, sprechen will, dann braucht man nur zwei Wahrzeichen zu nennen: Die Christusstatue, die zu den »neuen sieben Weltwundern« zählt, und die Copacabana, den berühmten Strand. Damit erschöpfen sich allerdings die Attraktionen dieser Stadt noch lange nicht. Mit ihrem Flair lädt sie in der Tat zu einem Besuch ein, zumal Brasilien von vielen Fluggesellschaften angeflogen wird.

Die beiden Zwillingstürme im Vergleich:
der funktionierende Charles-de-Gaulle-Turm
und der unfertige Abraham-Lincoln-Turm.

NEFT DASHLARI

Kaspisches Meer, Aserbaidschan, Asien

Baubeginn 1949

Größtes unterseeisches Erdölvorkommen der Welt

Neft Dashlari ist die erste im Meer errichtete Stadt: Sie liegt am östlichsten Ende Aserbaidschans im Kaspischen Meer, 42 Kilometer von der Küste entfernt. Ihre Anlage begann 1949 dort, wo riesige Ölvorkommen entdeckt worden waren, mit der Versenkung von sieben abgewrackten Schiffen, darunter der von den Gebrüdern Nobel erbaute erste Öltanker der Welt. Diese Schiffe dienten als Basis für die Errichtung der ältesten Ölplattformen weltweit. Später wurden auf den Plattformen zwei autonome Kraftwerke, mehrere Kesselanlagen, Einrichtungen für die Aufbereitung des Rohöls, Installationen für biologisches Trinkwasser, neunstöckige Wohnbauten, kulturelle und Erholungseinrichtungen, Krankenhäuser, Thermen, eine Berufsschule, eine Bäckerei, eine Kantine, eine Limonadefabrik, Hubschrauberlandeplätze, zwei Unterwasser-Ölleitungen, ein baumbestandener Park und eine Moschee errichtet.

Die 1960er-Jahre waren die Blütezeit dieser Anlage. Die Stadt beherbergte eine Zeitlang 5000 Personen und war die größte unterseeische Öllagerstätte der Welt, sowohl was das Vorkommen als auch was das Fördervolumen anging. Heute fällt nicht mehr so viel Rohöl an.

Im Verlauf von 60 Jahren wurden hier mehr als 170 Millionen Tonnen Rohöl und mehr als 15 Milliarden Kubikmeter Rohgas gefördert.

Noch heute besteht die Stadt aus mehr als 200 fixen Plattformen. Sie sind durch ein Geflecht von aufgeständerten Brückenkonstruktionen untereinander verbunden, die zusammen mehr als 350 Kilometer lang sind. Die meisten dieser »Straßen« sind eingebrochen und stellen daher eine große Gefahr für die Schifffahrt dar. Etwa 2000 Personen kommen jeweils turnusmäßig hierher und bleiben zwei bis vier Wochen; auf Dauer lebt niemand mehr in Neft Dashlari.

Die Geologen rechnen mit einem noch verbliebenen Vorkommen von 30 Millionen Tonnen Rohöl. Wenn diese Reserve zu Ende geht, könnte die gesamte Anlage zu einer weiteren Geisterstadt werden, zumal die Infrastrukturen veraltet sind und bestenfalls noch zehn Jahre durchhalten werden.

Neft Dashlari, ein Flugstunde von Baku entfernt, ist die erste im Meer errichtete Stadt und in ihrem Innern durch ein System von Viadukten verbunden; sie kann mehr als 5000 Menschen aufnehmen.

WISSENSWERTES

Die Regisseure der James-Bond-Filme müssen von Städten auf dem Meer besonders fasziniert sein. Während die künstliche Insel Hashima sie zu einigen Szenen aus *Skyfall* inspiriert hat, haben sie in Neft Dashlari, 40 Kilometer entfernt von der Halbinsel Abseron, auf der auch die aserbaidschanische Hauptstadt Baku liegt, Szenen aus *007 – Die Welt ist nicht genug* gedreht.
Geologen hatten hier, mitten im Kaspischen Meer, schon in der ersten Hälfte des 19. Jahrhunderts Klippen entdeckt, die von einer Ölschicht überzogen waren – ein Hinweis auf die zahlreichen Vorkommen in der Umgebung.
Gleich nachdem die dringend erhoffte Bohrerlaubnis erteilt war, wurde mit den Sondierungen begonnen, angespornt auch von den sowjetischen Fünfjahresplänen der Nachkriegszeit, die eine Zunahme der Rohölförderung vorsahen.
Nachdem man die Bedeutung der Lagerstätte erkannt hatte, war es Nikita Chruschtschow, der hier den Bau etwas komfortablerer Behausungen vorantrieb, Krankenstationen einrichten und sogar einen Park anlegen ließ – alles im Tausch gegen Tonnen von Rohöl. Eine Existenz dieses Orts unabhängig von der Ölförderung ist schwer vorstellbar. Aller Wahrscheinlichkeit nach wird er zu einer weiteren Geisterstadt werden. Da aber noch etwa 30 Millionen Tonnen des schwarzen Goldes vorhanden sind, beunruhigt das vorläufig noch niemanden.

Die Plattformen, aus denen die Stadt besteht, sind untereinander durch aufgeständerte »Straßen« von insgesamt mehreren 100 Kilometern Länge verbunden. Die Hälfte ist heute aufgrund der Korrosion und der mangelnden Wartung nicht mehr zu befahren.

Dieses Kapitel befasst sich mit einem sehr speziellen Thema, nämlich mit dem Hässlichen, und dies in einem weitgefassten Sinn. Dabei geht es uns allerdings nicht um eine Neubetrachtung unter ästhetischem Vorzeichen, auch wenn das zwar durchaus heikel, aber keineswegs sinnlos wäre. Wir schlagen vielmehr eine weitergefasste ästhetische Lesart vor, die auch das Hässliche, das Abstoßende, das Nichtakzeptable einbezieht. Das mag ein bisschen verrückt klingen, aber auf dem exquisiten und sensiblen Terrain der Kunst finden sich dafür schon viele Beispiele, auch ohne dass wir die aggressiven Phänomene und Experimente der Kunst der jüngsten Gegenwart heranziehen müssten. Tatsächlich genügt es, an die eindrucksvollen Wandgemälde eines Mario Sironi (1885–1961) zu denken, die heute im Rahmen großer Ausstellungen gezeigt werden: Sie geben öde und verschmutzte städtische Peripherien wieder, denen zu entkommen die Menschen sich sehnlich wünschen (was an den Samstagnachmittagen ja dank der Tram, die sie ins Zentrum brachte, in der Tat möglich war). Es gibt das Phänomen der Beschäftigung mit dem Hässlichen also bereits, und eben deshalb können wir entsprechende Beispiele, die nicht nur die Grenzen der Ästhetik, sondern häufig auch die Grenzen der Legalität streifen und gelegentlich überschreiten, heute in aller Gelassenheit präsentieren.

Bei einigen der vorgestellten Beispiele handelt es sich um riesige Gebäude, die errichtet wurden, um eine Ideologie zu repräsentieren. Manche wurden nie fertiggestellt, andere wurden nie (oder nur ein einziges Mal) genutzt – anomale, gigantische, groteske Landmarken surrealer Szenerien. Gewollt und gefördert wird eine Ideologie häufig von einer starken, mitunter auch autoritären Zentralmacht. In anderen Fällen kommt das Phänomen aber auch »von unten«, geschürt vielleicht von einer Anomalie des Systems: Etwas schafft die Bedingungen dafür, dass Menschen sich selbst organisieren und damit eine Art »Korallenriff« generieren, ein Korallenriff, das in seinem Innern von Gemeinschaften belebt ist, die »anders« sind als das sie umgebende System. Entsprechend werden dort andere Regeln gelten. Anders und unterschiedlich wird folglich auch das Resultat des physischen Wachstums dieser Gemeinschaften sein. Und »anders« wird auch das Korallenriff sein, das sie in sich schließt. Für viele derartige Manifestationen gibt es im Italienischen den Ausdruck *ecomostro*, Umweltmonster. Geprägt wurde dieser Ausdruck zur Beschreibung – und insoweit können wir auch sagen »zu Unehren« – des Hotels Fuenti in Vietri sul Mare an der amalfitanischen Küste: Gegen Ende der 1960er-Jahre erbaut, wurde es wegen seiner »illegalen« Voraussetzungen zum Gegenstand einer langen Umweltdebatte, die mit dem teilweisen Abriss in den späten 1990er-Jahren endete. Manchmal gelingt es dem Hässlichen, eine Form anzunehmen, sich zu entwickeln, und das ist immer dann der Fall, wenn es Leute gibt, die hofften, dass »sie es nicht bemerken würden«. Aber dann passiert es eben doch, dass jemand »es bemerkt« und man sich mit dem Fall befassen muss. Dann gibt es zwei Möglichkeiten: Abreißen (der einfachere Weg) oder als Chance erkennen und nutzen (die sehr viel größere Herausforderung). (A.B.)

Dieses Kapitel befasst sich mit einem sehr speziellen Thema, nämlich mit dem Hässlichen, und dies in einem weitgefassten Sinn. Dabei geht es uns allerdings nicht um eine Neubetrachtung unter ästhetischem Vorzeichen, auch wenn das zwar durchaus heikel, aber keineswegs sinnlos wäre. Wir schlagen vielmehr eine weitergefasste ästhetische Lesart vor, die auch das Hässliche, das Abstoßende, das Nichtakzeptable einbezieht. Das mag ein bisschen verrückt klingen, aber auf dem exquisiten und sensiblen Terrain der Kunst finden sich dafür schon viele Beispiele, auch ohne dass wir die aggressiven Phänomene und Experimente der Kunst der jüngsten Gegenwart heranziehen müssten. Tatsächlich genügt es, an die eindrucksvollen Wandgemälde eines Mario Sironi (1885–1961) zu denken, die heute im Rahmen großer Ausstellungen gezeigt werden: Sie geben öde und verschmutzte städtische Peripherien wieder, denen zu entkommen die Menschen sich sehnlich wünschen (was an den Samstagnachmittagen ja dank der Tram, die sie ins Zentrum brachte, in der Tat möglich war). Es gibt das Phänomen der Beschäftigung mit dem Hässlichen also bereits, und eben deshalb können wir entsprechende Beispiele, die nicht nur die Grenzen der Ästhetik, sondern häufig auch die Grenzen der Legalität streifen und gelegentlich überschreiten, heute in aller Gelassenheit präsentieren.
Bei einigen der vorgestellten Beispiele handelt es sich um riesige Gebäude, die errichtet wurden, um eine Ideologie zu repräsentieren. Manche wurden nie fertiggestellt, andere wurden nie (oder nur ein einziges Mal) genutzt – anomale, gigantische, groteske Landmarken surrealer Szenerien. Gewollt und gefördert wird eine Ideologie häufig von einer starken, mitunter auch autoritären Zentralmacht. In anderen Fällen kommt das Phänomen aber auch »von unten«, geschürt vielleicht von einer Anomalie des Systems: Etwas schafft die Bedingungen dafür, dass Menschen sich selbst organisieren und damit eine Art »Korallenriff« generieren, ein Korallenriff, das in seinem Innern von Gemeinschaften belebt ist, die »anders« sind als das sie umgebende System. Entsprechend werden dort andere Regeln gelten. Anders und unterschiedlich wird folglich auch das Resultat des physischen Wachstums dieser Gemeinschaften sein. Und »anders« wird auch das Korallenriff sein, das sie in sich schließt. Für viele derartige Manifestationen gibt es im Italienischen den Ausdruck *ecomostro*, Umweltmonster. Geprägt wurde dieser Ausdruck zur Beschreibung – und insoweit können wir auch sagen »zu Unehren« – des Hotels Fuenti in Vietri sul Mare an der amalfitanischen Küste: Gegen Ende der 1960er-Jahre erbaut, wurde es wegen seiner »illegalen« Voraussetzungen zum Gegenstand einer langen Umweltdebatte, die mit dem teilweisen Abriss in den späten 1990er-Jahren endete. Manchmal gelingt es dem Hässlichen, eine Form anzunehmen, sich zu entwickeln, und das ist immer dann der Fall, wenn es Leute gibt, die hofften, dass »sie es nicht bemerken würden«. Aber dann passiert es eben doch, dass jemand »es bemerkt« und man sich mit dem Fall befassen muss. Dann gibt es zwei Möglichkeiten: Abreißen (der einfachere Weg) oder als Chance erkennen und nutzen (die sehr viel größere Herausforderung). (A.B.)

DIE ÜBERLEGUNG LAUTETE: SIE WERDEN ES NICHT BEMERKEN

HOTEL ALIMURI

Vico Equense, Provinz Neapel, Italien, Europa

Erteilung der Baugenehmigung: 1964; Sprengung: 30. November 2014

60 Kilogramm Sprengstoff machten dem Ökomonster in 12 Sekunden ein Ende

Dieses Ökomonster, erbaut auf einem Felsplateau an der sorrentinischen Küste, war viele Jahre lang Gegenstand juristischer und ökologischer Auseinandersetzungen. Die Geschichte nahm ihren Anfang 1964, als die Gemeinde Vico Equense die Baugenehmigung für einen fünfstöckigen Hotelkomplex am Meer mit einem Volumen von 18.000 Kubikmetern auf einer Fläche von 2000 Quadratmetern erteilte. Der 16 Meter hohe Bau sollte 150 Zimmer und ein olympisches Schwimmbecken aufnehmen.

Nach einem Felsrutsch unmittelbar hinter der Baustelle wurden die Arbeiten schon bald ausgesetzt und erst drei Jahre später wiederaufgenommen, als eine neuerliche Baugenehmigung vorlag. Aus unterschiedlichen Gründen kam es in der Folge zu weiteren Unterbrechungen. Im Jahr 1986 wurden die Arbeiten endgültig eingestellt, nachdem sich herausgestellt hatte, dass der Fels gesichert werden musste. Dazu kam, dass die Geschossdecken allmählich einbrachen und die dahinter ansteigende Felswand weiter bröckelte. Die Baustelle wurde mehr und mehr zu einem riskanten und gefährlichen Ort und mit der Zeit zu einer regelrechten Müllhalde. Am Ende war nur noch das Skelett dessen übrig, was ein Luxushotel hätte werden sollen. Obwohl es verboten war, die Bauruine zu betreten, wurde sie nachts zum Refugium von Streunern. In den Sommermonaten zog sie Leute an, die auf die einsturzgefährdeten Ebenen stiegen, um sich als Kunstspringer zu versuchen, was viele Unfälle mit zum Teil schlimmen Folgen nach sich zog.

2003 fanden mehrere Treffen mit Vertretern der Region Kampanien statt, bei denen es darum ging, das Areal einer großen Sanierung und Wiederherstellung zu unterziehen. Der Plan sah vor, den Felsen zu sichern und die Bauruine zu sprengen. Ein entsprechender gemeinsamer Beschluss des Umweltministeriums und der zuständigen Organe der Provinz und der Region wurde aber erst im Jahr 2007 gefasst.

Ende November 2014, nach 50 Jahren, ging das Ökomonster unter Einsatz von 60 Kilogramm Sprengstoff, die in 1200 Ladungen von jeweils 50 Gramm in die Fundamente eingebracht worden waren, vor einer großen Zahl von Zuschauern innerhalb von 12 Sekunden in Staub auf.

WISSENSWERTES

Mit dem Ausdruck *ecomostro*, Ökomonster, bezeichnet man im Italienischen ein Gebäude, das als unvereinbar mit der umgebenden Landschaft angesehen wird, einen Bau, der seine Umgebung verschandelt. Es ist nicht bekannt, wer diesen Neologismus erfunden hat. Angeblich wurde er zum ersten Mal von einer bekannten Umweltorganisation verwendet, und zwar im Zusammenhang mit einem Hotelbau an der Küste von Amalfi.

Das *Belpaese* ist ungeachtet dieses vielzitierten Übernamens – den Dante und Petrarca erfanden, die beide viel von Schönheit und Stil wussten – reich an solchen Beispielen.

Das Italien der vielen Regionen und der 1000 Campanili steht gewissermaßen auch zusammen, wenn es um architektonische Verschandelungen geht. Von Mailand bis Palermo fehlt es nicht an Gebäuden, die längst aufgegeben oder niemals fertiggestellt worden sind, aber seit Jahrzehnten überleben. Das liegt auch daran, dass erst ein kompliziertes bürokratisches Verfahren ihren Abriss ermöglicht.

Nur in einzelnen Fällen wie dem hier beschriebenen wird ein solches Ökomonster »gezähmt« und beseitigt.

Das Hotelskelett am Strand von Alimuri hat die umgebende Landschaft über 50 Jahre hinweg entscheidend mitgeprägt.

Folgende Seiten: Das Ökomonster am 30. November 2014 während der Sprengung.

CO.S.M.A.

RYUGYONG-HOTEL

Pjöngjang, Nordkorea, Asien

Baubeginn: 1987

Selbt nordkoreanische Institutionen bezeichneten den 300 m hohen Betonbau als katastrophal. Sie gaben modifizierte Karten und Stadtpläne heraus, die »bezeugen«, dass der Betonbau nicht existiert.

Das Ryugyong-Hotel, mit dessen Errichtung Mitte der 1980er-Jahre begonnen wurde, sollte nach dem Willen der nordkoreanischen Staatsführung nicht nur das größte Gebäude der »Demokratischen Volksrepublik Korea« werden, sondern – als 330 Meter hoher Wolkenkratzer mit 105 Stockwerken und einer Nutzfläche von 360.000 Quadratmetern – auch der höchste Hotelbau und das siebthöchste Gebäude der Welt. Der Bau besteht aus drei schrägen Flügeln, die jeweils 100 Meter hoch und 10 Meter breit sind und im Winkel von 75 Grad ansteigen. Er sollte Restaurants, ein Kasino, Diskotheken, Büros und 3000 Hotelzimmer aufnehmen. Die Baukosten wurden mit 750 Millionen Dollar veranschlagt. Das Hotel ist allerdings nicht zu einem Symbol geworden, auf das man stolz sein könnte, denn seine Eröffnung steht noch aus. Der Bau war vom Diktator Kim Jong-Il, dem Vater des heutigen nordkoreanischen Staatschefs Kim Jong-Un, angeordnet worden. Kim Jong-Il reagierte damit auf die Eröffnung des Westin Stamford Hotel in Singapur, das 1986 von der südkoreanischen SsangYong-Gruppe hochgezogen worden war und zu diesem Zeitpunkt als das größte Hotel der Welt galt. Unter dem damals noch deutlich zu spürenden Einfluss des Kalten Krieges hatte die nordkoreanische Führung keine andere Möglichkeit, es den südkoreanischen Kapitalisten »zu zeigen«, als sie in der technischen Entwicklung zu übertreffen. Dementsprechend wurde eine Bauzeit von maximal zwei Jahren angeordnet. Aber etwas ging schief. 1992 war das Gebäude noch immer nicht fertig, aber die dafür vorgesehenen Mittel waren verbraucht. Sechzehn Jahre lang stand der Gigant ohne Fenster, ohne Innenausbauten, ohne Strom und ohne Hydraulik. Grund dafür war eine schwere Wirtschaftskrise des Landes, die mit dem Zusammenbruch der Sowjetunion zu tun hatte und die beteiligten Unternehmen veranlasste, minderwertige Materialien zu verwenden.

Dank umfangreicher Investitionen des ägyptischen Telekommunikationsunternehmens Orascom (rund 140 Millionen Dollar) konnten die Arbeiten im Jahr 2008 wiederaufgenommen werden: Im Gegenzug für die Außenverglasung der oberen Stockwerke und einer der Flanken konnte Orascom an der Spitze des Gebäudes eine Reihe von Mobilfunkantennen installieren. All das ließ auf die Fertigstellung des Gebäudes im Jahr 2012 hoffen, in dem sich der Geburtstag des »Ewigen Führers« Kim Il-Sung zum 100. Mal jährte. Bis heute sind die Bauarbeiten aber nicht abgeschlossen, und die Eröffnung des Hotels lässt weiter auf sich warten.

WISSENSWERTES

Pjöngjang kann in vieler Hinsicht punkten: Es ist kulturelles und kommerzielles Zentrum, bedeutender Industriestandort und als Hauptstadt Nordkoreas zugleich die bevölkerungsreichste Stadt des Landes. Auch wenn der Tourismus im Wachsen begriffen ist, kommen bisher doch nur wenige westliche Reisende in dieses Land, das zu den undurchdringlichsten der Welt zählt. Die strenge Diktatur, die jeden Aspekt des Lebens der Menschen kontrolliert, lässt auch Touristen nur wenig Freiraum. Sie treffen auf alle möglichen Einschränkungen: So ist aus Südkorea die Einreise nicht möglich; Journalisten brauchen ein spezielles Visum; für Bürger der Vereinigen Staaten und Israels gelten weitere Restriktionen. Dieses rätselhafte Land weist noch eine andere Merkwürdigkeit auf: Zwar hat Kim Jong-Un das Sagen und ist mit großen Machtbefugnissen ausgestattet; *De-jure*-Staatschef und »ewiger Präsident« des Landes ist aber der 1994 verstorbene Kim Il-Sung.

Das Panorama von Pjöngjang mit der gigantischen Pyramide des nie fertiggestellten 105-stöckigen Hotels.

Auf den folgenden Seiten: Sechzehn Jahre nach Einstellung der Bauarbeiten, im Jahr 2008, konnte das ägyptische Unternehmen Orascom das Aussehen des Gebäudes durch die Außenverglasung der oberen Stockwerke und einer der Flanken verändern.

PALAST DER KOMMUNISTISCHEN PARTEI

Busludscha, Bulgarien, Europa

Baubeginn: 1974

Die Legende berichtet von einer hier einbetonierten Zeitkapsel, die die Bedeutung des Gebäudes deutlich macht

Der Palast, offiziell als Denkmal der Kommunistischen Partei Bulgariens bekannt, scheint einem Science-Fiction-Film der 1950er-Jahre zu entstammen. Das in der Nähe des Schipka-Passes in 1440 Metern Höhe gelegene Monument ist das größte Bauwerk, das in Bulgarien zu ideologisch-propagandistischen Zwecken errichtet wurde, eine Art fliegender Untertasse aus Beton, garniert mit Slogans, die der Kommunistischen Partei huldigen. Nachdem die letzten Türken nach 500-jähriger Osmanenherrschaft vom bulgarischen Territorium vertrieben waren, hielten bulgarische Sozialisten, unter ihnen Dimitar Blagoew, hier auf dem Busludscha-Berg ab 1891 erste geheime Zusammenkünfte ab. Dabei ging es darum, die Gründung der Sozialdemokratischen Arbeiterpartei Bulgariens vorzubereiten, der Vorläuferin der Kommunistischen Partei des Landes.

Neunzig Jahre später, 1981, wurde hier das Memorial der kommunistischen Partei Bulgariens eingeweiht, mit dem sowohl an die Befreiung von der Türkenherrschaft als auch an den Sieg über die nationalsozialistische Herrschaft Hitlers 1944 erinnert werden sollte. Bald wurde das Gebäude auch zum Hauptquartier der Partei. An der auf den Eingang zuführenden Straße steht eine überlebensgroße Statue des Dimitar Blagoew.

Staatliche Mittel und Spenden im Gesamtwert von etwa 7 Milliarden Euro ermöglichten es, den von dem Architekten Georgi Stoilow entworfenen Bau zu errichten. Sieben Jahre lang waren 6000 Arbeiter unter General Delcho Delchew, dem Chef der Abteilung Ingenieurwesen »Stara Sagora«, an dem Bau tätig. Mehr als 60 bulgarische Künstler arbeiteten an Entwurf und Ausführung der Mosaiken und Wandbilder, die zentrale Themen der traditionellen sowjetischen Propaganda zum Inhalt haben – die Familie, die Revolution, den Kampf zwischen Arm und Reich, den Krieg gegen den Kapitalismus und sogar die Weltraumflüge. Darüber hinaus fanden sich im Innern die Porträts der einstigen Führer der Kommunistischen Partei Bulgariens. Der Sowjetstern, der den Turm des Gebäudes schmückte, war dreimal so groß wie das Vorbild auf dem Kreml.

In seinen goldenen Zeiten galt dieser Ort als eine der bedeutendsten Ikonen der kommunistischen Welt. Nach dem Fall der Regierung im Jahre 1989 kam das Gebäude, das zuvor Eigentum der Kommunistischen Partei gewesen war, in den Besitz des Staats. Seither verschlechtert sich sein Erhaltungszustand. Die Porträts von Ludmilla und Todor Schiwkow wurden sofort zerstört; die kupfernen Ornamente, die das Innere schmückten, wurden gestohlen. Inzwischen ist das Monument im Zustand des allmählichen Zerfalls. Plünderer und Vandalen steigen durch die Fenster ein und holen sich, was von den Mosaiken noch übrig ist. Der Bau ist endgültig aufgegeben, und keine öffentliche Einrichtung scheint sich noch Gedanken um seine Erhaltung oder Wiederherstellung zu machen. Der große rote Stern auf der Spitze ist von Pistolenschüssen durchsiebt.

ПРОЛЕТАРИИ
WORLD

Links: Gesamtansicht des Palastes der Kommunistischen Partei Bulgariens, der 1981 eingeweiht wurde und heute total verwahrlost ist, wie der Zustand des Kongressraums (vorhergehende Seite) und des Belvedere (folgende Seiten) zeigt.

WISSENSWERTES

Auf den ersten Blick scheint es sich bei diesem Bau um ein außerirdisches Flugobjekt zu handeln, das auf dem Busludscha-Berg gelandet ist. Der Berg war einst Schauplatz von Auseinandersetzungen zwischen dem Osmanischen Reich und bulgarischen Rebellen; am Ende ist er ein Zeugnis der Megalomanie totalitärer Regime und ein Beispiel der Vergeudung, das nicht nachgeahmt werden sollte.

Das 1981 eingeweihte Monument, auf einer Berghöhe unweit des Schipka-Passes gelegen und über die Straße zu erreichen, die Gabrowo mit Stara Sagora verbindet, ist bei den Bulgaren vollkommen in Vergessenheit geraten. Sich selbst überlassen, wird es immer wieder Opfer vandalistischer Akte. Die letzte derartige Tat war die eines Spaßvogels, der dort die schriftliche Empfehlung *Enjoy Communism* hinterließ, wobei das C die gleiche Form hat wie in der Werbung für ein nur zu bekanntes amerikanisches Getränk. Aber schließlich sind wir in der Region von Gabrowo, und Gabrowo ist bekannt als Stadt des Humors und der Satire.

KERNKRAFT-WERK KRIM

Kasantyp, Krim, Europa

Baubeginn: 1982

Als teuerster Kernreaktor der Welt ins Guinness-Buch der Rekorde eingetragen

Das nicht fertiggestellte Kernkraftwerk Krim liegt auf der Halbinsel Kertsch an der Aktasch-Lagune, die als Abklingbecken genutzt werden sollte.
Die Arbeiten begannen 1975 mit der Errichtung der Satellitenstadt Schtscholkine, die für 20.000 Einwohner geplant war und von Atomwissenschaftlern und den im Kraftwerk beschäftigten Arbeitern bewohnt werden sollte. Mit dem Bau des Kraftwerks selbst wurde 1982 begonnen. Es sollte die gesamte Halbinsel mit Energie beliefern und Ausgangspunkt der weiteren Entwicklung des metallurgischen, technologischen und chemischen Sektors der Krim werden.
Im Reaktorgebäude der ersten Einheit wurde ein Spezialkran installiert, mit dem weitere Hub-, Konstruktions- und Montagearbeiten im Innern durchgeführt werden sollten.
Die erste Einheit des Kraftwerks war zu 80 Prozent fertiggestellt, die zweite zu 18 Prozent, als die Bauarbeiten 1987 unterbrochen wurden. Grund dafür waren die schwierige ökonomische Situation des sehr instabilen Landes, die noch frische Erinnerung an die Tragödie von Tschernobyl im Jahr 1986, Proteste von Umweltschützern und der in geologischer und seismologischer Hinsicht ungünstige Standort der Anlage. Das Kraftwerk kam als teuerster Kernreaktor der Welt in das Guinness-Buch der Rekorde. Nachdem das Projekt fallengelassen worden war, entstanden Pläne zur Umnutzung als Ausbildungsanlage für die Betreiber von Kernkraftwerken. Unter dem Motto »Nuklearparty im Reaktor« beherbergte der Ort von 1995 bis 1999 das jährliche Musikfestival KaZantip, das hier im Turbinenraum stattfand.
Heute besichtigen Scharen von Touristen aus aller Welt das Kernkraftwerk. Kein Wunder, denn dies ist die einzige derartige Anlage, die sie je betreten können. Hier kann man ein einzigartiges Erlebnis haben und feststellen, was von den Symbolen der Sowjetunion übriggeblieben ist. Aus der Ferne betrachtet, macht die Anlage noch heute einen intakten Eindruck; aus der Nähe kann man aber sehen, dass in Wahrheit nicht mehr als das Skelett erhalten geblieben ist.
Schtscholkine ist übrigens dank seiner strategischen Lage am Südufer des Asowschen Meers keineswegs zur Geisterstadt geworden, aber im Lauf der Jahre ist seine Bevölkerung um die Hälfte geschrumpft.

WISSENSWERTES

In einer Entfernung von 170 Kilometern von Simferopol, der Hauptstadt der Republik Krim, liegen eng benachbart ein niemals fertiggebauter Kernreaktor und die Stadt Schtscholkine. Sie ist nach dem russischen Physiker Kyrill Schtscholkin benannt und war als Wohnort der im Reaktor tätigen Arbeiter gedacht. Wenn von Kernreaktoren, zumal in der Ukraine, die Rede ist, wird unwillkürlich die Erinnerung an Tschernobyl und an die Katastrophe wach, die sich dort am 26. April 1986 ereignete und die schon in den 1970er-Jahren aufgekommene Anti-Atom-Bewegung erstarken ließ. Die Furcht vor einer weiteren Tragödie à la Tschernobyl war einer der Gründe, weshalb das Werk auf der Krim nicht fertiggebaut wurde.
Die jungen Bewohner der Gegend scheint die Erinnerung an die Ereignisse von 1986 allerdings nicht erreicht zu haben, denn in den Jahren von 1995 bis 1999 wurde in dem Reaktor das KaZantip veranstaltet, ein Festival elektronischer Musik und – nach dem Urteil der Netzgemeinde – »das wildeste Fest der Welt«.

Dieses Bild des Kernkraftwerks auf der Krim täuscht. Es scheint, als sei das Bauwerk noch in Betrieb, doch das Foto auf der vorigen Seite zeigt eindeutig, dass es aufgegeben wurde. Der rechts zu sehende Kran wurde im Jahr 2003 entfernt und weiterverkauft.

TORRE DAVID

Caracas, Venezuela, Südamerika

Baubeginn: 1990

Das Gebäude war einer der Drehorte der amerikanischen Fernsehserie *Homeland*

Das Centro Financiero Confinanzas in Caracas, auch bekannt als Torre David (David-Turm), ist ein als Bürohochhaus konzipierter, 45 Stockwerke hoher Wolkenkratzer, der von dem namhaften venezolanischen Architekten Enrique Gómez entworfen wurde. Nach dem 1993 erfolgten Tod des Investors David Brillembourg, der das Projekt vorangetrieben hatte, und der Krise der venezolanischen Wirtschaft im Jahr darauf wurde der Bau allerdings nicht fertiggestellt. Er ist nach den Zwillingstürmen des Parque Central in Caracas der dritthöchste Wolkenkratzer des Landes. Nachdem 1990 mit dem Bau begonnen worden war, wurden die Arbeiten 1994 eingestellt. Das Gebäude hätte die Brillembourg-Bank aufnehmen sollen, aber eine Bankenkrise zwang die Wirtschaft des Landes in die Knie. In dem Turmbau gab es keine Aufzüge, keinen elektrischen Strom, kein fließendes Wasser; die Fenster und ein Teil der Zwischenwände wurden nicht eingebaut. Der Komplex besteht aus sechs Teilen: dem Atrium (Halle und Konferenzsaal), dem 190 Meter hohen Turm A mit seinen 45 Stockwerken und einem Hubschrauberlandeplatz, dem Turm B, dem Gebäude K, dem Gebäude Z und einem zwölfgeschossigen Parkhaus.

Ab 2007 begannen Gruppen von Besetzern oder *squatters*, den Turm für sich in Beschlag zu nehmen. Schließlich beherbergte er 2500 Familien.

Was als temporäre »Zeltstadt« begonnen hatte, entwickelte sich im Laufe der Jahre zu einer florierenden und in hohem Maß organisierten Gemeinschaft unter dem strengen Regiment des Ex-Sträflings Alexander *el Niño* Daza. Die Bewohner der umliegenden Viertel machten immer wieder darauf aufmerksam, dass der Turm ein sicheres Refugium für Gangster und andere Gesetzesbrecher sei. Nachdem die Baustelle als solche aufgegeben worden war, verwandelten die illegal hier lebenden Familien das unfertige Gebäude in eine vertikale Barackenstadt, komplett mit Lebensmittelgeschäften, Tattoo-Studios, Internet-Café und einem Friseurladen. In einem gewissen Sinn führten sie einen Teil der nicht beendeten Arbeiten fort, indem sie zum Beispiel Leitungen für fließendes Wasser bis in das 22. Stockwerk legten. Dabei konnten sie die ersten zehn Stockwerke mit Motorrädern anfahren; die darüber liegenden Geschosse sind nur über Treppen zu erreichen. Einige stellten auch ihre Autos im Parkhaus des Torre David ab.

Im Laufe der Jahre hat der Turm sehr gegensätzliche Gesichter angenommen: Er galt als Paradies für Drogenbarone und für die Mörder der Serie *Homeland*; er wurde von der Architekturbiennale in Venedig als Experiment der sozialen Verantwortung gelobt; er tauchte in unzähligen Artikeln, Publikationen und Reportagen auf.

Als Teil einer »Great Housing Mission« starteten die venezolanischen Behörden am 22. Juli 2014 die sogenannte Operation Zamora, die Evakuierung und Umsiedlung von Hunderten von Familien aus dem Turm in andere Unterkünfte im südlich von Caracas gelegenen Cúa. Im April 2015 hatten rund drei Viertel der Familien den Turm verlassen. Die letzten Bewohner wurden im Juli 2015 umgesiedelt.

WISSENSWERTES

Vor der definitiven Räumung im Jahr 2015 galt die Torre David als das größte besetzte Gebäude der Welt, die höchste Barackensiedlung des Planeten. Von der Architektur-Biennale in Venedig wurde sie als beste Umsetzung des Themas »Common Ground« mit dem Goldenen Löwen ausgezeichnet – ein Beispiel des kollektiven und informellen Wohnens. Am Informellen fehlt es mit Sicherheit nicht in einem Wolkenkratzer, der zur illegalen Bleibe von zahlreichen Geschäften und Aktivitäten aller Art geworden ist, darunter auch einigen Zahnarztpraxen.
Caracas, mit vielen Direktflügen leicht erreichbar, ist eine Stadt, die mit ihrer Exotik und ihrer außergewöhnlichen Schönheit für sich einnimmt.

Bewohner der Torre David auf den Fluren des Gebäudes während der friedlichen Räumung am 24. Juli 2014.

Vorhergehende Seiten: Die Außenfassade des ursprünglich als Bürohaus konzipierten Hochhauses, das als »vertikaler Slum« den Stempel der Besetzer trägt.

KOWLOON WALLED CITY

Hongkong, China, Asien

Abriss: 1993

Auch als »Stadt der Dunkelheit« bezeichnet: Die Häuser standen so dicht beieinander, dass kein Sonnenstrahl hindurchdringen konnte

Kowloon Walled City, die »ummauerte Stadt«, war jahrzehntelang der am dichtesten besiedelte Punkt der Erde, ein wimmelnder Bienenstock von mehr als 300 ineinander verschachtelten Hochhäusern, alle ohne Beteiligung von Architekten oder Ingenieuren erbaut, der in seinem Innern Wohnungen, Geschäftslokale und alle möglichen Aktivitäten auch übel beleumdeter Art barg. Mehr als 33.000 Menschen nannten diesen Ort ihr »Zuhause«, auch wenn der größte Teil der Einwohner Hongkongs sich dem Klotz nicht zu nähern wagte.

Die Stadt in der Stadt entstand in der Folge des 1898 zwischen China und Großbritannien geschlossenen Vertrags, mit dem Hongkong für 99 Jahre unter britische Verwaltung kam – mit Ausnahme eben dieses Territoriums auf der Halbinsel Kowloon. Kowloon hatte seit den Zeiten der Sung-Dynastie als militärischer Vorposten im Kampf gegen Piraten gedient und war als Salzproduzent bekannt. Zur Zeit der japanischen Besetzung Hongkongs im Zweiten Weltkrieg wurde ein Teil der Gebäude abgerissen, weil man Baumaterial für den nahen Flughafen brauchte. Nach dem Ende der japanischen Okkupation schnellte die Einwohnerzahl in die Höhe, weil viele Obdachlose die verlassenen Gebäude besetzten. Kowloon entwickelte sich zum Rückzugsort für Kriminelle und Drogenabhängige, die keinerlei gesetzlichen Kontrolle unterworfen waren. In den 1980er-Jahren war die Stadt berüchtigt wegen ihrer Bordelle, Kasinos und Opiumhöhlen; nicht selten stieß man auch auf improvisierte Hundeschlachtereien.

Kowloon wurde zum Gegenstand einer diplomatischen Krise zwischen Großbritannien und China, da beide sich weigerten, die Verantwortung für das Schicksal zu übernehmen, dem die Stadt entgegenging. Einzig auf den Dächern konnte man frische Luft tanken und der Klaustrophobie der häufig fensterlosen Behausungen entrinnen. Irgendwann beschlossen die britischen und chinesischen Behörden dann, die ummauerte Stadt abzureißen. Viele Bewohner protestierten allerdings gegen diese drastische Entscheidung, und die Regierung sah sich zu Entschädigungsleistungen von insgesamt 2,7 Milliarden Hongkong-Dollar gezwungen. Die Räumung der Stadt begann 1991 und war 1993 abgeschlossen.

Die Dächer waren der einzige Ort, an dem ein Bewohner frei atmen und sich der drangvollen Enge dieses Habitats entziehen konnte.

WISSENSWERTES

Im Jahr 1993 wurde Kowloon, eine regelrechte Stadt in der Stadt, endgültig dem Erdboden gleichgemacht. Dieser Teil Hongkongs hatte sich den durchaus zutreffenden Beinamen »Stadt der Dunkelheit« erworben: In der Tat hatte es hier jahrelang keinerlei Ordnung und keinerlei Kontrolle gegeben, weder von Seiten des Vereinigten Königreichs, dem Hongkong 1898 für 99 Jahre abgetreten worden war, noch von Seiten der Volksrepublik China, die vom 1. Juli 1997 an wieder die Souveränität besaß.

Am Ende der 1980er-Jahre lebten hier mehr als 33.000 Menschen, auf 2185 »Wohnungen« verteilt. Zum desolaten Zustand der Gebäude und der zunehmenden Kriminalität kam das Problem der Übervölkerung, das aus Kowloon einen der Orte mit der größten Wohndichte der Welt machte. Dennoch haben diese Anhäufung von Häusern, Menschen und Gegenständen, die verbreitete Kriminalität und das totale Fehlen einer Sozialpolitik nicht alle Bewohner daran gehindert, schöne Erinnerungen an Kowloon zu bewahren. Albert Ng Kam-po, heute Pfarrer der evangelischen Gemeinde, berichtet in einem Interview mit der *South China Morning Post*, dass er seine in Kowloon verbrachte Kindheit als eine rundum glückliche Zeit empfunden habe.

Auch fehlte es in diesem von Elend und Kriminalität gezeichneten Umfeld nicht an Solidarität. Nach der Erinnerung von Ida Shum, einer alten Dame und einstigen Bewohnerin von Kowloon, waren die Menschen dort immer zur Stelle und halfen einander ungeachtet der Zustände, in denen sie lebten.

In diesem Kapitel sprechen die Bilder erst recht für sich selbst. Es geht darin um Bauvorhaben, die mehr oder weniger dem Spaß und dem Vergnügen dienen sollten: Gedacht war an glückliche kleine Kinder, die Achterbahn fahren, oder auch an lächelnde Erwachsene, die sich während der Fahrt küssen. Gedacht war also in jedem Fall an Menschen, die an diesen Orten zusammenkommen würden, um sich zu amüsieren, an Menschen, die hier eine Alternative zum täglichen Stress an ihrem Arbeitsplatz und zu ihren Problemen und Pflichten suchen würden.

Was dieses Szenario des großartigen Amüsements angeht, so ist das Fest in manchen Fällen bereits zu Ende: Es ist, als stapfte man am Aschermittwoch durch Straßen, die mit Konfetti und den Relikten eines Saufgelages übersät sind. In anderen Fällen hat das Fest überhaupt nie angefangen, wie in jenen Filmen, in denen einer der beiden Brautleute nicht vor dem Altar erscheint, ansonsten aber alles zur Stelle ist, von den Großmüttern mit ihren Hütchen und den Brautjungfern bis zum Salzgebäck für den anschließend geplanten Empfang … Und dann gibt es noch die Fälle, in denen das Fest, das vorher doch so gut lief, ein jähes Ende fand. Alle hatten sich amüsiert, aber an einem bestimmten Punkt holten die Nachbarn jemanden (in der Regel die Polizei), der dem Spaß ein Ende machte.

Es gibt keine Kultur und keine Gesellschaft, in der nicht über den vergnüglichen Zeitvertreib in den verschiedenen Dimensionen, die er annehmen kann, nachgedacht würde – vom harmonischen Begehen einer Familienfeier oder des eigenen Hochzeitstags bis zum rauschenden, euphorisch-festlichen Jubiläum, an dem Millionen von Menschen teilnehmen. Wir alle haben Erfahrungen dieser Art verinnerlicht. Deshalb empfinden wir den inneren Widerhall eines Vergnügens, das wir hatten, aber nicht mehr haben, oder den Gedanken an einen erfreulichen Zeitvertreib, der uns vielleicht überhaupt nicht zuteil geworden ist, sogar noch stärker.

Genau hierhin gehören die trostlosen Landschaften, die ein Genie wie der Streetart-Künstler Banksy sich in seiner Fantasie schon frühzeitig zurechtgelegt hat, um dann seine bis heute vielleicht größte temporäre Installation zu erschaffen: *Dismaland* im englischen Weston-super-Mare. Auf den Seiten dieses Buchs ist sie nicht zu finden, weil es sich ja gerade *nicht* um einen Flop, sondern um einen riesigen Erfolg handelt. Tausende haben sich zwischen dem 21. August und dem 27. September 2015 in Bewegung gesetzt; sie haben eine (unbequeme) Reise auf sich genommen, um einen (tristen) Park zu besuchen, der eine (bedrückende) Erfahrung zwischen (verfallenden) Disneyschlössern, verunglückten Prinzessinnen und vorsätzlich unhöflichen Animateuren für sie bereithielt.

Solche Landschaften rufen auch eine Atmosphäre à la Fellini auf, Situationen, in denen die Erwartung bestand, *sie würden sich bestens amüsieren*. Das haben sie vielleicht auch getan, aber an einem bestimmten Punkt war es damit zu Ende. Ein Ende, das uns etwas von jenem inneren Zustand vermittelt, den man an sich selbst wahrnimmt, wenn man außerhalb der Saison an Badestränden entlanggeht. (A.B.)

DreamLand

WISSENSWERTES

Nara Dreamland ist ein Vergnügungspark, der kaum Vergnügliches zu bieten hat. Genauer gesagt: überhaupt nichts. Menschenleere Straßen, stillstehende Fahrgeschäfte, rostende Spielgeräte – kaum vorstellbar, dass ein Kind hier fröhliche Stunden verlebt. Dieses trostlose Szenario findet sich in Nara, der alten Hauptstadt Japans auf der Hauptinsel Honshu, einer Stadt, die 1998 von der UNESCO in die Liste des Weltkulturerbes aufgenommen wurde.
Zu erreichen ist die Stadt über den internationalen Flughafen Kansai; von dort nimmt man zunächst den Haruka Limited Express bis Tennoji und dann die Linie JR Yamatoji bis Nara.
Für Kinder und Heranwachsende ist Nara Dreamland heute kein geeigneter Ort mehr. Dagegen ist es zum beliebten Ziel von Stadtwanderern geworden, die sich hier, von der gespenstischen Atmosphäre angezogen, mit Vorliebe in den frühen Morgenstunden oder in der Dämmerung verlustieren. Dann können diese Freunde moderner Ruinen sich frei in den Trümmern des einstigen Dornröschenschlosses oder des vormals den Touristen zur Verfügung stehenden Hotels bewegen und sicher sein, dass sie niemandem begegnen werden, nicht einmal Ran-chan und Dori-chan, den beiden Maskottchen, die vor Zeiten die Besucher des Parks willkommen hießen.

Die Achterbahn Aska, eine reine Holzkonstruktion, befuhr eine Strecke von insgesamt mehr als 1000 Metern und bewältigte dabei einen Höhenunterschied von 30 Metern. Heute nimmt eine dichte Vegetation zunehmend Besitz von dieser einstigen Hauptattraktion des Freizeitparks.

CONSONNO

Provinz Lecco, Italien, Europa

Baubeginn: 1962

Ein Erdrutsch war der Grund, weshalb die »Spielzeug-Stadt« Consonno 1976 aufgegeben wurde

Consonno ist eine mittelalterliche Siedlung, die zum ersten Mal in einer Urkunde aus dem Jahr 1085 erwähnt wird. Der kleine Ort, unweit von Mailand in einem grünen Talkessel gelegen, hatte zu Beginn der 1960er-Jahre rund 200 Einwohner, die alle in der Landwirtschaft tätig waren, selbst aber weder ein Haus noch eigenen Grund und Boden besaßen.

Am 18. Juni 1962 erwarb der Bauunternehmer Graf Mario Bagno das Territorium in der Absicht, hier zwischen den Hügeln der Region Brianza eine Spaßstadt zu errichten. Zu diesem Zweck ließ er Bagger kommen, die den gesamten Ort bis auf die Kirche, einen kleinen Friedhof und das Pfarrhaus niederwalzen. Innerhalb von fünf Jahren entstanden dort, wo zuvor Wohnbauten und Ställe gestanden hatten, ein 30 Meter hohes Minarett, eine chinesische Pagode, ein Luxushotel, eine Ladenzeile, mehrere Spielhallen, eine Tanzfläche unter freiem Himmel, ein mittelalterliches Kastell, mehrstöckige Brunnen, ägyptische Sphingen und eine falsche Kanone. Um die Aussicht auf den Monte Resegone zu ermöglichen, wurde sogar ein Hügel abgetragen.

Darüber hinaus sollte das »Las Vegas der Region Brianza« mit einer Rennstrecke, Fußball- und Basketballfeldern, einer Minigolfanlage und einem zoologischen Garten ausgestattet werden.

Ansichtskarten aus dieser Zeit vermitteln Botschaften wie »In Consonno ist der Himmel blauer« oder »In Consonno ist immer Party« und lassen damit erkennen, dass die Organisatoren auf Partystimmung und Feierlaune setzten. Aber schon 1976 war der Neuheitseffekt verpufft, der Zustrom der Touristen ließ deutlich nach, und schließlich zerstörte im gleichen Jahr ein Erdrutsch die einzige Zugangsstraße nach Consonno, die dann erst im Jahr 2007 wieder instandgesetzt wurde.

1981 unternahm Graf Bagno einen letzten Wiederbelebungsversuch, indem er das Plaza-Hotel zur Seniorenresidenz machte; diese Einrichtung wurde aber im Jahr 2006 nach Introbio verlegt. Im Jahr darauf wurde Consonno im Zuge einer mehrtägigen illegalen Rave-Party nahezu vollständig verwüstet.

Nachdem die Eigentümer den Ort zum Verkauf angeboten hatten, wurden die letzten vier Einwohner im Jahr 2014 über die bevorstehende Zwangsräumung informiert. Der Traum hatte keine zehn Jahre gedauert. Die aufgegebene »Spielzeugstadt« wurde zu einer Geisterstadt, bevor sie auch nur fertiggestellt war. Heute nimmt eine spontane Vegetation ungehindert Besitz von den verfallenden Gebäuden, und die Menschen, auf die man hier trifft, sind nur gekommen, um das, was von der Stadt noch übrig ist, zu besichtigen und zu fotografieren.

WISSENSWERTES

Was für den Spreepark in Ostberlin (S. 158) und für Gulliver's Kingdom (S. 152) am Fuß des Fuji-Bergs in Japan gilt, trifft auch in diesem Fall zu: Wir haben es mit einer Geisterstadt zu tun, die eine kurze Zeitlang ein Ort der Zerstreuung und Unterhaltung für viele Familien war, inzwischen aber aufgegeben und verlassen wurde. Das eine oder andere Gebäude dient noch als Viehstall.

Die Idee hinter dem Ganzen war die Frucht des Wirtschaftsbooms der 1960er-Jahre: Damals kaufte Mario Bagno eine ganze Gemeinde und ließ das Territorium einebnen, um Platz für diese Spielzeugstadt zu schaffen.

Nach Jahren der Vernachlässigung und der mutwilligen Zerstörung liegt die Zukunft des Orts heute in der Verantwortung der Besitzer und der Kommune Olginate.

In die im Internet kursierenden und anschließend wieder zurückgenommenen Verlautbarungen über einen Verkauf hat sich auch der bekannte DJ Francesco Facchinetti eingeschaltet. Er regt einen Zusammenschluss von Unternehmern an, die Consonno erwerben und zu einem universitären Zentrum für mehrere Fachrichtungen machen sollten.

Vorhergehende Seite und links: Das Minarett von Consonno, das eigentliche Wahrzeichen dessen, was das »Las Vegas der Brianza« hätte werden sollen.

GULLIVER'S KINGDOM

Kamikuishiki, Japan, Asien

Eröffnet: 1997
Aufgegeben: 2001

Der Park liegt in der Nähe eines Waldstücks, das wegen der hohen Zahl der dort begangenen Suizide berüchtigt ist

Gulliver's Kingdom war ein Themenpark, der von Tokio aus in zweieinhalb Stunden zu erreichen war und unter anderem eine 45 Meter lange liegende Statue des Lemuel Gulliver beherbergte. Der 1997 eröffnete Park existierte nur vier Jahre lang. Schon 2001 sahen die Besitzer sich gezwungen, die Anlage wieder zu schließen, weil die Besucher ausblieben.

An der Finanzierung von »Gullivers Königreich« hatte sich die Chuo Bank in Niigata beteiligt, die wegen unbezahlter Schulden in Konkurs ging. Der Park wurde daher vom zuständigen Distriktgericht in Kofu zur Versteigerung freigegeben, aber niemand wollte die Mindestsumme von 3,1 Milliarden Yen bieten. Eine zweite Versteigerung mit der geringeren Mindestsumme von nur noch 1 Milliarde Yen am 8. November 2001 endete, ohne dass ein einziger Bieter aufgetreten wäre. Damit war das Schicksal des Themenparks besiegelt.

Obwohl am Fuß des heiligen Bergs Fuji gelegen, war Gulliver's Kingdom wegen seiner in anderer Hinsicht ungünstigen Lage gezwungen, die Pforten zu schließen. Aus unerfindlichen Gründen hatten die Besitzer sich für einen Standort des Parks in der Region von Aokigahara und damit in der Nähe des gleichnamigen Waldstücks entschieden, das wegen der hohen Zahl von Suiziden, die dort jedes Jahr zwischen den jahrhundertealten Bäumen begangen werden, traurige Berühmtheit erlangt hat. Hinzu kommt, dass die ebenfalls nahegelegene Stadt Kamikuishiki als Sitz der Aum-Sekte und als Standort einer Nervengasfabrik berüchtigt ist. Die Sektenmitglieder brachten mit dem hier produzierten Gas Sarin 19 Personen um, zwölf allein im U-Bahn-Netz der Hauptstadt Tokio. Am 22. März 1995 traten mehr als 1000 Polizisten mit Gasmasken zum Sturm auf die Festung der Aum-Sekte an. Zum Zeitpunkt der Eröffnung des Vergnügungsparks im Juli 1997 hofften die Bewohner der Stadt noch, dass die neue Einrichtung dazu beitragen würde, das negative Bild dieser Gegend aufzuhellen.

Der Park bot seinen Besuchern eher ungewöhnliche Vergnügungen. Den Attraktionen, die wir in aller Regel in einem Vergnügungspark vorfinden, kamen eine Bob- und eine Rodelbahn noch am nächsten – nicht gerade das Ideale für die Kleinsten. Die Hauptattraktion war aber zweifellos die riesige Gulliver-Statue im Zentrum des Parks, das Setting unzähliger Fotos neugieriger Touristen. Vom Zeitpunkt der Schließung bis zum Jahr 2007, in dem er zurückgebaut wurde, lag der Park verlassen, ein Ziel nur noch von Stadterkundern und Vandalen auf der Suche nach Räumen, die sie erobern könnten.

GAMLA UPPSALA

BRYGGEN
HUSFLID
FISK
GALLERY

WISSENSWERTES

Der mittlerweile aufgegebene Themenpark »Gulliver's Kingdom« entstand unweit des Bergs Fuji, der den Shintoisten so heilig ist, dass sie es für ihre Pflicht halten, einmal im Leben eine Pilgerreise dorthin zu unternehmen.

Im krassen Gegensatz zur Schönheit dieses Vulkans und zu der Funktion, die der Park innehatte, solange er in Betrieb war, steht Aokigahara. Dieser üppig-dichte Wald, auch bekannt als Jukai (»Meer von Bäumen«), hat es als bevorzugte Endstation von Menschen, die zur Selbsttötung entschlossen sind, zu trauriger Berühmtheit gebracht. Suizide ereignen sich hier so häufig, dass die Behörden sich zu dem Versuch genötigt sahen, Selbstmordkandidaten mittels hier aufgestellter japanisch und englisch beschrifteter Warntafeln von ihrem Vorhaben abzubringen.

Unabhängig davon, dass sich die Vorgehensweisen derer, die sich zu diesem extremen Schritt entschlossen haben, von Fall zu Fall unterscheiden, ist die Suizidrate hier nach derjenigen an der Golden Gate Bridge die zweithöchste in der Welt.

Ansicht der Freizeitanlage; im Hintergrund der Berg Fuji.

Vorhergehende Seiten: Die liegende Gulliver-Statue zwischen den Bauten des mittlerweile aufgegebenen Parks.

SPREEPARK

Berlin, Deutschland, Europa

Gebaut 1969
2001 wegen zu geringer Besucherzahlen aufgegeben

Der einzige Vergnügungspark der Deutschen Demokratischen Republik

Der Spreepark, der erste und einzige Vergnügungspark Ostdeutschlands, wurde 1969 auf Veranlassung der kommunistischen Ostberliner Regierung eingerichtet. In Anlehnung an das gleichnamige Waldstück, in dem er lag, trug er damals die Bezeichnung »Kulturpark Plänterwald« und war viele Jahre lang ein obligatorisches Ziel für alle Familien der DDR.
Der Park, charakterisiert durch ein 45 Meter hohes und damit weithin sichtbares Riesenrad, durch Karussells, Achterbahnen, Wasserläufe und Kioske, war eingebettet in knapp 30 Hektar Wald. Die Anlage war sehr einfach, und die je für sich stehenden Attraktionen vermittelten nicht das Bild einer einzigen großen Fantasiewelt. Später wurden allerdings einige natürliche Elemente, etwa kleine Seen und diverse Grünzonen, eingefügt. Zudem wurde ein pauschaler Eintrittspreis erhoben, der allerdings zur Folge hatte, dass immer weniger Besucher kamen. Nach dem Fall der Mauer sanken die Besucherzahlen noch weiter. Zu Beginn der 1990er-Jahre wurde die gesamte Zone unter Landschaftsschutz gestellt. Dadurch verringerte sich das Areal des Parks, und die erforderlichen Infrastrukturen konnten nicht mehr vorgehalten werden.
Kurz vor der endgültigen Schließung hatte das Land Berlin die ganze Anlage übernommen, um sie wieder in Betrieb zu setzen. Wegen hoher Schulden wurde der Park dann aber im Internet zur Versteigerung angeboten. Nach der Schließung im Jahr 2001 wandelte der Spreepark sich zu einem Geisterort und damit auch zum Ziel von Stadterkundern, die hier ein höchst sonderbares Areal voller gigantischer Dinosaurier-Attrappen, verfallender Fahrgeschäfte und verlassener Barken in Schwanenform vorfanden, dazu ein brüchiges Riesenrad, alles längst von Vegetation bedeckt.
In einer Augustnacht des Jahres 2014 gingen große Teile des Parks in Flammen auf. Von diesem Augenblick an war die heruntergekommene Anlage nicht einmal mehr für Leute attraktiv, die sich bis dahin heimlich Zugang verschafft oder für die geführten Wochenendtouren interessiert hatten.

NeAS

FUCK SECURITY

WISSENSWERTES

Im Osten Deutschlands, wo sich eine der repressivsten Diktaturen des 20. Jahrhunderts etabliert hatte, gab es nicht sehr viele Möglichkeiten, sich zu amüsieren. Das galt erst recht für das triste, weil geteilte Berlin. Ausgerechnet hier wurde aber 1969 der erste und einzige Vergnügungspark der Deutschen Demokratischen Republik eröffnet.
Seitdem er nicht mehr in Betrieb ist, kann man ihn denen empfehlen, die die Horrorfilme Dario Argentos lieben oder eine Atmosphäre à la *Dylan Dog* (Horrorkomödie nach einem italienischen Comic) schätzen. Auch die zu allem entschlossenen Stadterkunder haben sich nicht abschrecken lassen – weder von dem Großbrand, der 2014 hier wütete, noch von der Anwesenheit des Wachpersonals.
Manche springen über den Zaun, andere kriechen darunter durch – alles ist recht, wenn sie sich nur den Nervenkitzel verschaffen können, diesen Ort aufzusuchen, an dem 2011 der Film *Wer ist Hanna* mit Kate Blanchett gedreht wurde. Neben den Filmemachern hat sich auch die kriminelle Szene für den Spreepark interessiert. 2001 haben die einstigen Betreiber des Parks Teile der Attraktionen in Containern verpackt, »zur Reparatur« nach Peru geschafft, die dort angeblich günstiger gewesen wäre. Fünf Jahre später, 2006, wurden diese Personen allerdings wegen einer Drogenaffäre verurteilt. Die Container waren offensichtlich auch zum Transport von Drogen eingesetzt worden. Heute gehört der Park der Gesellschaft Grün Berlin, die Führungen auf dem Gelände anbietet und die Neueröffnung mit verändertem Konzept plant.

Die Attraktionen des Vergnügungsparks waren schon vor dem Brand im Jahr 2014 ersichtlich in einem desolaten Zustand.

ROSENREPUBLIK

Von der Küste bei Rimini 11,6 km entfernt, 500 m außerhalb der italienischen Hoheitsgewässer, Europa

Errichtet 1966
Gesprengt 1969

1968 verkündete der Ingenieur Giorgio Rosa die Gründung der Rosenrepublik

Die Isola delle Rose (Roseninsel) war eine 400 Quadratmeter große künstliche Plattform im Adriatischen Meer, rund 12 Kilometer von Rimini entfernt, außerhalb der italienischen Hoheitsgewässer.
Sie wurde von dem Bologneser Ingenieur Giorgio Rosa errichtet, nachdem er eine Reihe anderer Standorte in dieser Gegend verworfen hatte.
Wegen der ungünstigen meteorologischen Bedingungen, die ein kontinuierliches Arbeiten nicht zuließen, nahm die Errichtung der Plattform mehrere Jahre in Anspruch. Immerhin war das leichte und dabei sehr stabile Bauwerk 1965 fertig und wurde 1966 endgültig am Meeresboden verankert. Die 20 × 20 Meter große Plattform aus Beton und Stahl, getragen von neun in einer Tiefe von 40 Metern verankerten und 8 Meter über die Wasseroberfläche hinausragenden Stützen trug eine Art Restaurant, ein Postamt und eine Anlegestelle für Boote mit Zugangsrampe und Stufen. Ursprünglich sollte das Bauwerk aus fünf Ebenen bestehen.
Am 20. August 1967 wurde die Insel für das Publikum geöffnet. Von der italienischen Küste leicht zu erreichen, lockte sie Scharen von Besuchern an, die in Booten kamen. 1968 rief der Ingenieur Rosa als selbsternannter Präsident einen unabhängigen und souveränen Staat auf der Plattform aus, die »Repubblica Esperantista dell'Isola delle Rose«. Der neue Staat hatte eine Regierung, eine Währung, eine Flagge, eine Hymne und eine kleine Radiostation; er prägte Münzen und bediente sich des Esperanto als offizieller Sprache. Auch gab er Briefmarken heraus und konnte auf 62 Quadratkilometer Meeresfläche zählen, wurde aber von keinem Land der Erde je als unabhängige Nation anerkannt. Der italienische Staat sah in dem Projekt die listige Absicht, die Einnahmen aus dem Tourismusgeschäft nicht zu versteuern. Daher wurde die Roseninsel im Juni 1968 von italienischen Truppen besetzt und unter Seeblockade gestellt; im darauffolgenden Jahr wurde die Plattform unter Einsatz von 527 Kilogramm TNT in zwei kontrollierten Explosionen von der italienischen Marine gesprengt.
Abbau und Demontage der Plattform nahmen rund sieben Wochen in Anspruch. Noch heute finden sich allerdings Reste der Konstruktion im Meer.

WISSENSWERTES

Vermutlich hat der Ingenieur Giorgio Rosa (*nomen est omen*) sein Projekt bereut, denn einige Jahrzehnte später bezeichnete er es in einem Interview als »Naivitätsdelikt«. Man kann aber wohl kaum sagen, dass es nicht das Interesse und die Neugier von Cineasten und Schriftstellern geweckt hätte – und das auch aus der Distanz von Jahrzehnten.

Die fantastische Idee (aber man schrieb schließlich das Jahr 1968 und skandierte »Die Fantasie an die Macht!«), eine Mikronation mit Esperanto als offizieller Landessprache zu gründen, liegt sowohl einem Dokumentarfilm aus dem Jahr 2009 von Stefano Bisulli und Roberto Naccari als auch einem Buch von Walter Veltroni zugrunde, das 2012 erschienen ist.

Erwähnt werden sollte außerdem die unmittelbar der Wagner-Oper *Der fliegende Holländer* entnommene offizielle Hymne, die auch jene zufriedengestellt hätte, die immer Kritik an Goffredo Mameli geübt haben, dem Autor der italienischen Nationalhymne.

Die Minirepublik befand sich in einer Entfernung von rund 12 Kilometern vor der Küste von Rimini auf der Höhe des Orts Torre Pedrera.

Hier und auf den vorhergehenden Seiten einige Details von der Überwachung der Insel durch die italienische Polizei in Reaktion auf die Unabhängigkeitserklärung der »Republik der Rosen«, vom Magazin *Panorama* am 11. Juli 1968 dokumentiert.

WONDERLAND

Chenzhuang Village, Nankou,
Distrikt Changping, China, Asien

Abgerissen: 2013

Wonderland sollte der größte Vergnügungspark in ganz Asien werden

Wonderland, unweit der chinesischen Hauptstadt Peking gelegen, wurde als Vergnügungspark geplant, aber nie fertiggestellt. Nach den Vorstellungen der Entwerfer sollte diese Schöpfung die atemberaubende chinesische Antwort auf Disneyland werden: ein wunderbarer Themenpark, der jährlich Millionen von Besuchern anziehen würde, eine märchenhafte (wenn auch für unseren Geschmack in mancher Hinsicht etwas kitschige) Szenerie. Von der in Thailand ansässigen Reignwood-Gruppe finanziell gefördert, wurde die Anlage als größter Vergnügungspark ganz Asiens auf einem 48 Hektar großen Areal geplant. Die Bauarbeiten wurden schon 1998 eingestellt, nachdem es zu Streitigkeiten mit den lokalen Landbesitzern gekommen war. In deren Folge wurde ein Korruptionsskandal aufgedeckt, in den mehrere Personen verstrickt waren und der bis in die engsten Zirkel der Kommunistischen Partei Chinas reichte. Dass das riesige Bauprojekt so plötzlich fallengelassen wurde, weckte die Angst vor einer Immobilienblase in China. 2008 kam es noch einmal zu einem Versuch, die Bauarbeiten wiederaufzunehmen, aber das Vorhaben schlug fehl.

Was in Chenzhuang bereits stand, war unter anderem die Eingangsfassade, die das Publikum mit großem Pomp in eine höchst sonderbare Welt hineinbitten sollte, in der mittelalterlich anmutende (nie fertiggestellte) Gebäude an einen verzauberten Ort erinnert hätten. Noch trauriger war, dass das Schloss aufgegeben wurde, das Symbol des »Wunderlands«, ein halbfertiges Skelett, das sich als Solitär in seiner unvollständigen Glorie erhob. Einige Waghalsige sind seither bis in die Turmspitzen geklettert: Aus dieser Höhe lässt sich das ganze Parkareal in all seiner Trostlosigkeit überblicken. Fünfzehn Jahre nach dem Ende der Bauarbeiten wurde der Park zu einem Ort, der bei Graffitikünstlern beliebt war; gelegentlich wohnten auch Angehörige der Hausbesetzerszene in einigen Gebäuden. Die Bauern, Besitzer der Parzellen, auf denen der Park konzipiert worden war, holten sich einen Teil dieses Bodens zurück, um ihn von Neuem zu bestellen. Mit den Jahren wurde der Vergnügungspark wegen seines geisterhaften Aussehens unter Filmemachern berühmt. Um den Eindruck des Geisterhaften am Leben zu halten, waren überall auf den Fußböden furchterregende Kinderkostüme und -masken ausgebreitet – der Park könnte also wirklich als Schauplatz einer Episode der amerikanischen Zeichentrickserie *Scooby Doo* gedient haben.

Merkwürdigerweise wurde auch immer wieder von Begegnungen mit Parkwächtern berichtet, die auf dem Parkplatz vor dem Eingang angeblich auf Besucher oder auf Gaffer warteten. Im Mai 2013 wurden die unfertigen und aufgegebenen Gebäude abgerissen. Die Hoffnung auf eine eventuelle spätere Eröffnung des Freizeitparks war damit endgültig zerstört.

WISSENSWERTES

Unheimliches Knarren und Quietschen, skelettartige Überreste von Gebäuden und ein dichter Nebel, der alles einhüllt – es gibt wohl nichts, was dem heiter-festlichen Bild eines Vergnügungsparks noch ferner steht. Aber genau das ist dort anzutreffen, wo auf einem Areal von 48 Hektar der größte Vergnügungspark ganz Asiens geplant war, den man von Peking aus in weniger als einer Stunde erreicht hätte. Die eigentlichen Zielpersonen dieser Anlage scheinen sich an der düsteren Szene allerdings nicht weiter zu stören: Es kommen sehr viele Kinder, vor allem die Kinder der hier ansässigen Bauern, an diesem Ort zusammen, um Spiele zu erfinden und sich die Zeit zu vertreiben, während die Eltern auf ihren Feldern arbeiten.

Nach den Vorstellungen der Organisatoren sollte Wonderland die chinesische Antwort auf Disneyland sein – aber die Antwort hat sich als Fehlschlag erwiesen.

ABER

JETZT

IST DAS

ÜBERLEGEN

AN UNS!

PROBLEME IN CHANCEN VERWANDELN

Nein, was Sie hier gerade lesen wollen, hat nichts mit positivem Denken zu tun. Denn positives Denken ist zwar etwas Fabelhaftes, aber für Leute, die keine starke Vision haben und nicht verdammt hart arbeiten, ist positives Denken so nützlich wie ein Fahrrad ohne Räder. Es geht vielmehr darum, vital zu denken, sich klarzumachen, dass die größten Chancen sich häufig – wie übrigens auch in der Natur – gerade vor dem Hintergrund von Problemen, Fehlschlägen oder Zusammenbrüchen auftun. Das gilt für alle Situationen, in denen wir uns entscheiden müssen – es gilt für Liebesbeziehungen; es gilt im Sport (Michael Jordan wollte nicht etwa scherzen, als er sagte: »Gerade weil ich 9000 Würfe verfehlt habe, bin ich Michael Jordan geworden«); es gilt für Gesellschaften, Kulturen und Denksysteme. Schwarzseher, Pessimisten oder auch die traurigen Theoretiker des sogenannten Postwachstums begreifen nicht, dass das Ende einer Sache häufig der Beginn einer anderen Sache ist, dass das eine aufhört zu existieren oder zu wachsen und dafür ein anderes, das wir nicht erwartet haben, Gestalt annimmt und uns dorthin trägt, wo wir uns zuvor niemals »gesehen« hätten. Wenn wir uns nämlich einen starken Selbsterhaltungstrieb bewahren und ihn sogar noch kräftigen können, dann können Schmerzen und Fehlschläge uns zwar auch sehr zusetzen, aber wir können sie nutzen, um an ihnen zu wachsen.

Das ist ein Prozess, der, wie der Einleitungstext und die Beispiele in diesem Buch zeigen, für die Architektur ganz selbstverständlich ist. Auf dem Feld der Architektur sind Flops, falsche Ausgangsüberlegungen und irrige Erwartungen, abstruse oder schlicht obsolete Ideen so zahlreich wie die Blätter, die im Herbst von den Bäumen fallen, und das Neu-Erfinden und Neu-Konstruieren gilt als opportun, wenn nicht überhaupt als selbstverständlich. In diesem Sinne ist das Projekt unserer Mailänder Studenten für die Torre Galfa, das auf den folgenden Seiten vorgestellt wird, keineswegs eine abstrakte Übung. Es baut vielmehr auf ganz realen Erfordernissen, Wünschen und Möglichkeiten auf und zeugt von großem Einfallsreichtum. Ich weiß: Was sie sich vorgestellt haben, wird nicht eintreten. Hätte man aber den Mut, ein solches Vorhaben durchzuziehen – es wäre ein großer Erfolg! (F.B.)

TORRE GALFA

Das als Torre Galfa bekannte Hochhaus, nach dem Entwurf von Melchiorre Bega in den Jahren 1956 bis 1959 erbaut, zählt zu den bedeutendsten modernen Ruinen in Mailand. Der zugleich imposante und befremdliche Bau fand im Mai 2012 die neuerliche Aufmerksamkeit der Medien, nachdem das Künstlerkollektiv Macao ihn besetzt hatte. Das Ensemble aus einem niedrigen Korpus und einem 103 Meter hohen Turm liegt an der Kreuzung der Via Galvani mit der Via Fara, mitten im damals aufstrebenden Geschäftszentrum Mailands und in unmittelbarer Nähe des Pirelli-Hochhauses. Die Konstruktion besteht aus Stahlbeton, die Fassade aus Glas in Aluminiumrahmen. In seiner großen kompositorischen Klarheit erinnert der Bau an den Internationalen Stil. Der Architekt Giuseppe Vaccaro nannte ihn »den keuschesten unter den Mailänder Wolkenkratzern«, Gio Ponti bewunderte die perfekten Proportionen der Volumina, und Bega selbst attestiert ihm im Vergleich mit anderen Hochhäusern »die schlichteste Linie«. Das Gebäude fügt sich in die Mailänder Szenografie, in der die Hochbauten auch mit ihrer ausgeprägt technologischen Dimension die Moderne repräsentieren. Nicht zufällig hat der Regisseur Michelangelo Antonioni einige Szenen seines 1961 entstandenen Films *La Notte* im 7. Stockwerk des Turms gedreht, das dafür zur Klinik umfunktioniert wurde.

Der Turm zeichnet sich durch einen strengen und auf das Wesentliche beschränkten Innenraum aus, durch eine Folge standardisierter Etagen, die jeweils auf einem quadratischen Raster von 75 Zentimetern organisiert sind. Die unterschiedlich großen Büros sind als Open Space flexibel über die Flächen verteilt. Gebaut wurde die Torre Galfa für die Erdölgesellschaft Sarom; 1980 erwarb dann aber die Banca Popolare di Milano das Gebäude. Die dadurch bedingten funktionalen Umbauten änderten die Bestimmung des niedrigen Korpus und eines Teils der Untergeschosse. Der übrige Teil des Gebäudes bewahrte den durch mobile Wände unterteilten freien Grundriss und veränderte seinen Charakter trotz der über die Jahre hinweg notwendigen kleinen Wartungs- und Instandhaltungsarbeiten nicht. Das Tumhaus blieb 25 Jahre lang im Besitz der Bank; im Jahr 2006 ging es an eine von der Versicherungsgruppe Fondiaria-Sai kontrollierte Immobiliengesellschaft über. Von da an begann die Phase des Verfalls, ungeachtet der Tatsache, dass der neue Besitzer Restrukturierungs- und in gewissem Umfang auch Sanierungsmaßnahmen einleitete. Tatsächlich wurden aber die angekündigten Arbeiten nicht in Angriff genommen, und der Turm wurde kaum noch genutzt.

Auch wenn sein Erscheinungsbild für das Aussehen Mailands in der Nachkriegszeit kennzeichnend ist und sich als signifikantes Beispiel der technisch-konstruktiven Entwicklung des vergangenen Jahrhunderts darstellt, unterliegt das Gebäude mit seiner historischen und architektonischen Qualität nicht den Fesseln des Denkmalschutzes. Bei den zuletzt durchgeführten Arbeiten wurden Trennwände entfernt und Fußböden sowie Schichten von Estrich ausgebaut, sodass die Stahlbetonböden jetzt freiliegen, während die Curtain-Wall-Fassade unverändert geblieben ist. Die Gebäudehülle ist aber an vielen Stellen nicht mehr intakt. Das betrifft sowohl die Keramikplatten, mit denen die tragenden Elemente verkleidet sind (sie sind verschmutzt oder lösen sich ab), als auch die Metallprofile, die Abnutzungserscheinungen zeigen. Der aktuelle Zustand des Gebäudes und das Fehlen eines Erhaltungszwangs lassen befürchten, dass die Fassade komplett ausgetauscht werden muss. Nach dem jüngst von Gruppo Unipol und der Kommune Mailand erarbeitetem Sanierungsplan soll das architektonische Erscheinungsbild der Torre Galfa unverändert bleiben. An der Sensibilität der Eingriffe in diesen Bau wird sich erweisen, wie ernst das gemeint ist. (A.A.)

WISSENSWERTES

Der ähnlich gelagerte Fall des Teatro Valle in Rom diente als Vorbild für die Besetzung der Torre Galfa durch das Künstlerkollektiv Macao, einen Akt, der das Lob des Nobelpreisträgers und Theatermanns Dario Fo fand. Nach Aussage der Organisatoren verband sich mit der Besetzung des Gebäudes die Forderung nach Gemeinschaftsräumen für Künstler und Kreative, die hier mit neuen Ausdrucksformen experimentieren und alternative Projekte entwickeln wollten. Die Episode fand am 15. Mai 2012 mit der friedlichen Räumung des Turms ein Ende.
Geblieben ist die Frage, was aus den vielen nichtgenutzten Gebäuden allerorten werden soll. Diese Frage wird noch dadurch kompliziert, dass keine Institution solche Bauwerke jemals zahlenmäßig erfasst hat.

EIN VERTIKALER STADTPARK

Angesichts dieses schönen aufgegebenen Gebäudes beginnt das Denken zu vagabundieren, etwa so wie in Giacomo Leopardis Gedicht von der Unendlichkeit: während der Dichter hinter dem Hügel ein Meer imaginiert, in dem unterzugehen herrlich sein müsste, hat man in diesem Fall ein transparentes Parallelepipedon vor sich, das wie ein großer Leerraum in einem dichten urbanen Umfeld auftaucht.
Und angesichts dieses »leeren Innern« stellt sich der Gedanke ein, dass etwas Unerwartetes geschehen könnte: dass versucht werden könnte, solche architektonischen Manufakte neu zu interpretieren, sie nämlich im Einklang mit der Planungslogik des Designs als Elemente einer an menschliche Bedürfnisse angepassten Natur zu betrachten. Einer solchen neuen Natur könnten dann auch gänzlich neue Funktionen zugewiesen werden.
Daher also der Vorschlag eines vertikalen Stadtparks. Unsere jungen Planer sollten sich zunächst Gedanken über die Funktionen machen, denen wir in großen städtischen Parks immer wieder begegnen, und dann das Spektrum dieser Funktionen erweitern und entsprechend der vertikalen Ausrichtung des Gebäudes organisieren. Unsere Bitte an sie lautete, der Stadt einen neuen urbanen Bezugspunkt zu schenken.
Ich glaube, dass die Studenten ihren Spaß mit dieser Aufgabe hatten. Sie haben sich in dieser »Werkstatt« regelrecht verausgabt und wunderbare Projekte entwickelt, die dann mehrfach öffentlich gezeigt wurden und beim Publikum auf großes Interesse gestoßen sind. Zunächst überlegten sie, was alles in einem städtischen Park geschieht. Entsprechend haben in dem neuen Turm, so wie er ihnen vorschwebt, alle möglichen Funktionen ihren Platz gefunden. Es gibt dort Orte für künstlerische Darbietungen, neue Räume und Modalitäten für die (auch selbstverwaltete) Gastronomie, es gibt Räume für den Sport als Indoor-Aktivität, für das Musikhören in allen Formen vom Radio bis zur Kopfhörerparty, es gibt temporäre Ateliers für Kreative, eine komplette Stadtfarm, einen Bereich für Bookcrossing – das »Freilassen« von Büchern –, ein Forum für angehende Autoren, ein Onsen-Bad, einen Zen-Garten und eine interessante Freizone rund um einen mit Naturdrogen bestückten botanischen Garten. Ein aufregender und abenteuerlicher Parcours, der sich wie eine Schlange um den Turm windet.
Schön wäre es gewesen, wenn jemand sich während der Dauer dieses Workshops auch noch verlobt hätte (das hoffe ich immer). Ich glaube allerdings nicht, dass es geschehen ist. (A.B.)

Projekte von

B. Camporelli, V. Canapini,
C. Cantelli, G. Canziani,
A. Capasso, G. Capitani,
G. Carignani, D. Castiglione,
C. Cattani, D. Ceriani, A. Chan Maomei,
F. Cocco, F. Coccolo,
V. Colangelo, C. Concilio,
S. Consonni, L. Corgniali,
L. Cotini, M. Cremona,
M. Crespi, F. Cristofolo,
M. Dassi, R. De Iuliis,
M. Dente, S. Derosa, F. Dileo,
S. Di Maria, D. D'Ingeo,
D. Di Stefano, F. Donna,
S. Elli, L. Failoni, E. Fallani,
M. Fanti, G. Fasiello

EINE ART GLOSSAR

Abbruch
Die Entfernung von Gebäudeteilen oder ganzen Bauwerken, die als nicht (mehr) zweckmäßig betrachtet werden. Der Abbruch erfolgt durch Sprengung oder den Einsatz von Baggern. Etwas weniger drastisch sind die Begriffe Rückbau oder Demontage.

▲ *Hotel Alimuri; Sanzhi Pod City; Kowloon Walled City; Rosenrepublik*

Besetzer, Squatter
Vom englischen *to squat* (hocken, kauern; ein Haus besetzen). Squatters besetzen ohne Zustimmung des legitimen Eigentümers ein aufgegebenes Gebäude oder Terrain mit dem Ziel, es umzuwandeln und für Wohn-, Produktions- oder kulturelle Zwecke zu nutzen. In vielen Ländern hat man eine Regelung für diese illegalen Besetzungen gefunden.

▲ *Torre David; Kowloon Walled City*

»futuribel«
Bezeichnet eine Zukunft, die sich je nach den Umständen materialisieren könnte, aber jedenfalls im Bereich des Möglichen verbleibt, also nicht notwendig in der antizipierten Form eintreten muss. Der Begriff taucht häufig in einem Zusammenhang mit der literarischen Kategorie der Science-Fiction auf. Zur Kennzeichnung von Objekten, hinter denen eine wenig wahrscheinliche und ausgesprochen realitätsferne Zukunftsvision steht, erweist er sich als keineswegs angebracht.

▲ *Sanzhi Pod City; Gibellina Nuova; Palast der Kommunistischen Partei; Consonno; Rosenrepublik*

Geisterstadt
Als Geisterstädte oder *ghost towns* werden aufgegebene Städte oder Siedlungen bezeichnet. Dass sie verlassen wurden, kann eine Vielzahl von Gründen haben. Geisterstädte finden sich in der ganzen Welt. Einige sind mittlerweile zu wichtigen touristischen Attraktionen geworden, vielfach deshalb, weil sich dort interessante Gebäude oder Objekte befinden, die für eine bestimmte historische Epoche stehen

▲ *Kolmanskuppe; Hashima; Consonno*

Geistertour
Ein touristisches Angebot, das sich seit einigen Jahrzehnten großer Beliebtheit erfreut: Es werden verlassene Orte aufgesucht, von denen es heißt, sie seien von Geistern oder Gespenstern befallen. In der Regel werden die Teilnehmer von einem Führer begleitet, der auf anschauliche Weise über die Geister oder Gespenster berichtet, die an dem verhexten Ort »wohnen«.

▲ *Nara Dreamland; Consonno; Kolmanskuppe*

Hoheits- oder Territorialgewässer
Als Hoheits- oder Territorialgewässer gelten diejenigen vor einer Küste liegenden Meeresteile, auf denen der jeweilige Staat seine territoriale Souveränität in der gleichen Weise ausüben kann wie auf dem Festland. Seit 1982 hat jeder Staat das Recht, seine Territorialgewässer bis zu einer Grenze auszudehnen, die höchstens 12 Seemeilen von den festgelegten Niedrigwasserlinien entfernt ist.

▲ *Fürstentum Sealand; Rosenrepublik*

Illegales Bauen

Bauvorhaben ohne Genehmigung zu realisieren, ist nicht gestattet. Entsprechende Aktivitäten wirken sich nicht nur sehr negativ auf das Erscheinungsbild der Landschaft aus, sondern können auch hydrogeologische Schäden verursachen, die unter Umständen die lokale Bevölkerung gefährden können.

▲ *Hotel Alimuri; Kowloon Walled City*

Immobilienblase

Eine spezielle Art der Spekulationsblase, häufig die Folge eines wirtschaftlichen Booms, die durch einen raschen Anstieg der Immobilienpreise gekennzeichnet ist. Während solcher Perioden kommt es oft zur verstärkten Aktivität auf dem Immobilien- und Bausektor. Wenn die Blase platzt und die Immobilienpreise wieder fallen, besteht die große Gefahr, dass Neubauten als Rohbauten stehenbleiben – mit spürbaren sozioökonomischen Folgen. Immobilienblasen haben wiederholt dazu geführt, dass ganze Quartiere im nichtvollendeten Zustand aufgegeben wurden.

▲ *Kangbashi; Tianducheng; Nova Cidade de Kilamba; Sanzhi Pod City; Abraham-Lincoln-Turm*

Kommunistische Partei

Die politische Partei, die auf der Lehre des Marxismus-Leninismus basiert und eine kommunistische Gesellschaft anstrebt, führte in Europa zur Gründung der Sowjetunion, genauer der Union der Sozialistischen Sowjetrepubliken (UdSSR). Dieses nach dem Zusammenbruch des kommunistischen Regimes 1991 aufgelöste Staatengebilde hat zahlreiche Zeugnisse einer ausgedehnten Bautätigkeit in Form sowohl von Wohn- als auch von öffentlichen Bauten hinterlassen, die sich heute erkennbar als unzulänglich erweisen beziehungsweise aufgegeben worden sind.

▲ *Palast der Kommunistischen Partei; Atomkraftwerk Krim*

Landmarke

Abgeleitet vom englischen *landmark*, Bezeichnung für einen lokalen Orientierungspunkt von besonderer historischer oder (landschafts)ästhetischer Bedeutung. Im städtischen Ambiente werden neuerdings auch eindrucksvolle architektonische Neuschöpfungen als Landmarken bezeichnet. Auch Rohbauten oder aufgegebene Objekte sind mittlerweile zu wichtigen *urban landmarks* geworden.

▲ *Hotel Alimuri; Ryugyong-Hotel; Palast der Kommunistischen Partei; Fürstentum Sealand*

Landschaftsschutz

Die Landschaft repräsentiert den ästhetisch-kulturellen Aspekt des Umfelds mit seinen anthropologischen, physikalischen, biologischen und ethnischen Komponenten. Der gesetzlich geregelte Landschaftsschutz steht vor der schwierigen Aufgabe, die Wahrung der charakteristischen Merkmale der Landschaft mit der Tätigkeit des Menschen in Einklang zu bringen.

▲ *Hotel Alimuri; Hashima; Palast der Kommunistischen Partei; Consonno*

Mikronation

Mit diesem Begriff, der in der zweiten Hälfte des vorigen Jahrhunderts aufkam, werden jene vielfach selbsternannten »Nationen« bezeichnet, die sich über ein sehr kleines, in manchen Fällen nur einige 100 Quadratmeter messendes Areal erstrecken. Derartige Gebilde versehen sich häufig selbst mit entsprechenden nationalen Kennzeichen wie etwa einer Währung; sie geben Briefmarken heraus, stellen Pässe aus und vergeben Adelstitel und Ehrenbezeichnungen.

▲ *Fürstentum Sealand; Rosenrepublik*

Ökomonster

Ecomostro, ein italienischer Neologismus, der mit Bezug auf das Hotel Fuenti an der Amalfiküste geprägt wurde und allgemein zur Beschreibung von Gebäuden oder Gebäudekomplexen dient, die vor allem in ästhetischer Hinsicht als in hohem Maß unvereinbar mit der Landschaft gelten. In den meisten Fällen hofft man auf den Abriss (siehe auch Illegales Bauen, Abbruch, Tragstruktur, unfertiges Gebäude).

▲ *Hotel Alimuri*

Ruine

Der Ausdruck bezieht sich auf die Überreste von Bauten, die aufgegeben wurden und daher nicht mehr genutzt werden. Dahinter können ganz unterschiedliche Gründe stehen, etwa ein einschneidendes Naturereignis oder auch die »Evolution« der sozialen Gemeinschaften, die diese Bauten ursprünglich errichtet haben.

▲ *alle Projekte*

Tragstruktur

Die Tragstruktur oder das Tragwerk hat die Aufgabe, das Gewicht des Gebäudes selbst und der verschiedenen Lasten (Menschen, Möbel, Maschinen etc.) zu tragen. In der Skelettbauweise besteht es aus einem Gerippe von Trägern und Stützen, das auf dem Fundament aufruht. Das Skelett ist in der Regel sowohl dann sichtbar, wenn ein Gebäude nicht fertiggestellt wird (weil es als Erstes errichtet wird), als vielfach auch dann, wenn ein Gebäude aufgegeben wird (weil es der solideste Bauteil ist).

▲ *Hotel Alimuri; Torre David*

Umwandlung

In der Architektur, im Städtebau und in den entwerfenden Disziplinen ganz allgemein steht dieser Begriff für die qualitative Verbesserung eines Gebäudes, Quartiers oder Areals. Über rein technische Eingriffe an Konstruktion und Materialien hinaus kann es sich dabei auch um Maßnahmen zugunsten einer angestrebten Nutzung etwa in der Form innovativer sozialer Projekte handeln.

▲ *Torre David; Torre Galfa*

Unvollendete Gebäude

Unvollendet nennt man eine Konstruktion (ein Gebäude, eine Brücke oder ein anderes Bauwerk), die nicht zu Ende gebaut wurde. Wenn die Bauarbeiten aus finanziellen Gründen eingestellt wurden, ist die Unterbrechung in vielen Fällen endgültig. Es gibt aber auch Bauten, deren unfertiger Zustand einen historischen oder planerischen Hintergrund hat, zum Beispiel die Sagrada Familia in Barcelona. An dieser Kirche wird seit 1882 fast ohne Unterbrechung (wenn man von der Zeit des Spanischen Bürgerkriegs absieht) gebaut.

▲ *Hotel Alimuri; Abraham-Lincoln-Turm; Torre David; Atomkraftwerk Krim; Ryugyong-Hotel*

Urbex oder Stadterkundung

Urbex ist die Abkürzung des englischen Begriffs *urban exploration*. Gemeint sind damit Aktivitäten, die der Erkundung aufgegebener und verlassener Objekte und Orte gelten. Solche Aktivitäten gibt es schon seit rund 200 Jahren. Dank der vielen Möglichkeiten, sie in Filmen oder Videos zu dokumentieren, treffen sie heute aber auf ein großes Echo in den Medien.

▲ *Metrolinie Châtelet; Hashima; Kowloon Walled City*

Verfall

Der Begriff bezeichnet eine Verschlechterung des Zustands von Konstruktionselementen eines Bauwerks, ganzen Gebäuden oder auch Quartieren mit der Folge, dass sie ihre Funktion nicht mehr erfüllen können. Die Folgen des Verfalls bilden häufig eine ernsthafte Bedrohung für die Umgebung.

▲ *Metrolinie Châtelet; Cinderella City Mall; Palast der Kommunistischen Partei; Gulliver's Kingdom; Spreepark; Nara Dreamland; Wonderland*

Vergnügungspark

Bezeichnung für einen Erholungs- und Freizeitbereich. Es handelt sich um ein abgegrenztes und in einer bestimmten Weise ausgestattetes Areal, in dem gegen Zahlung eines Eintrittspreises alle möglichen Vergnügungsangebote, häufig unter einem bestimmten Thema, genutzt werden können. Das Genre, das in den 1950er Jahren mit dem amerikanischen Disneyland erfunden wurde, hat sich seither stark entwickelt und jeweils große Areale in Beschlag genommen. Im Fall der Schließung eines Vergnügungsparks ist das Areal nur schwer wieder umzuwandeln.

▲ *Nara Dreamland; Consonno; Gulliver's Kingdom; Spreepark; Wonderland*

Wirtschaftsboom

Dieser Ausdruck, zunächst zur Kennzeichnung einer in den 1950er- und 1960er-Jahren beobachteten Periode gebraucht, bezieht sich generell auf einen Moment des starken Wirtschaftswachstums, häufig begleitet von wichtigen technologischen Neuerungen und erheblichen Investitionen in das öffentliche und private Immobilienvermögen. Diese Investitionstätigkeit bewirkt eine ebenso dynamische wie fragile Marktsituation, die ihrerseits zu einer Immobilienblase führen kann.

▲ *Kangbashi; Tianducheng; Nova Cidade de Kilamba; Sanzhi Pod City; Abraham-Lincoln-Turm*

Wirtschaftskrise

Häufig in Verbindung mit einer Rezession bezeichnet dieser Begriff eine Periode der ausgesprochen negativen wirtschaftlichen Entwicklung mit gravierenden Folgen für den Unternehmens- und den gesellschaftlichen Sektor (in den USA dann, wenn das Bruttoinlandsprodukt während mindestens dreier aufeinanderfolgender Trimester fällt). Diese Situation ist eine der Hauptursachen dafür, dass Bauvorhaben nicht zu Ende geführt und ganze Quartiere oder Siedlungen aufgegeben werden.

▲ *Gulliver's Kingdom; Nara Dreamland; Atomkraftwerk Krim; Sanzhi Pod City; Cinderella City Mall; Abraham-Lincoln-Turm; Neft Daslari.*

BILDNACHWEIS

© Remi Benali/Corbis: Einbandrückseite u.l.; 90–91
© Giorgia Canino: 42–43
© ChinaFotoPress/ChinaFotoPress via Getty Images: 31, 34–35
© Michael Christopher Brown/Contrasto: 25
© Simone Donati/TerraProject/Contrasto: 41
© Leo Erken/Laif/Contrasto: 89
© Simon Fowler www.simon-fowler.co.uk: 61–65
© Athanasios Gioumpasis/Getty Images: Einbandrückseite u.l.; 159–165
© Greg Girard, Vancouver: 131–136
© Jörg Glaescher/Laif/Contrasto: 111
© Dawid Gusiak, Canterbury: 141–147
© Stefano Gusmeroli MilanoFoto.it: 181–183
© Cristian Hernandez/Anadolu Agency/Getty Images: 126–127
© Jauder Ho/Getty Images: Einbandvorderseite; 48–49
© Hoberman Collection/UIG via Getty Images: 67–71
© Imaginechina/Contrasto: 28–29; 32–33
© Impact Press Group/NurPhoto/Corbis: Einbandrückseite o.l.;112–113
© Kevinhung/Shutterstock.com: 47
© Charly Kurz/Laif/Contrasto: 92–93
© Eric Lafforgue/Gamma-Rapho via Getty Images: 105
© Martin Lyle/Medavia.co.uk: 153–157
© Véronique Mergaux: 51–57
© Mondadori Portfolio/Giuseppe Pino: 167–169
© Carlo Morucchio/Robertharding/Corbis: 44–45
© Fabio Motta/dpa/Corbis: 85–87
© Yuriko Nakao/Getty Images: 79, 82–83
© Newfotosud Franco Romano/Olycom: 100–103
© Pietro Paolini/TerraProject/Contrasto: 99
© Klaus Pichler/Anzenberger: 114–115
© Ron Pollard Englewood, Colorado: 73–77
© Leo Ramirez/AFP/Getty Images: 125, 128–129
© Reuters/David Gray/Contrasto: 26–27
© Reuters/Siphiwe Sibeko/Contrasto: 37
© Reuters/STR New/Contrasto: 106–107
© Reuters/Bobby Yip/Contrasto: 108–109
© Reza/Getty Images: 94–95
© Darmon Richter/The Bohemian Blog: 171–177
© The Asahi Shimbun via Getty Images: Einbandrückseite o.r.; 80–81
© Theo Volpatti/Contrasto: 149–151
© Xinhua/eyevine/Contrasto: 38–39
© Alexander Zaitsev: 117–123

DER AUTOR

Alessandro Biamonti ist Architekt und Dozent am Gebiet für Design des Politecnico in Mailand, wo er seit 2005 das *Team di Ricerca Lab.I.R.Int (Laboratorio di Innovazione e Ricerca sugli Interni* / Labor für Innovation und Forschung im Interior Design) koordiniert. Er ist Kurator des Design PhD Festival in Mailand. In seiner Arbeit als Planer und Dozent beschäftigt Biamonti sich seit Langem mit der antropolgischen Dimension von Design. In seinen Vorlesungen und Vorträgen präsentiert er sein Wissen einem breiten internationalen Publikum.

FÜR RINO; ER KENNT DIE GRÜNDE

Aus dem Italienischen übersetzt von Ulrike Stopfel

FSC
www.fsc.org
MIX
Papier aus verantwortungsvollen Quellen
FSC® C004592

1. Auflage
Verlagsgruppe Random House FSC® N001967

Titel der italienischen Originalausgabe:
Archiflop. Storie di progetti finiti male

Text: Alessandro Biamonti, Silvia Maria Gramegna, Oxana Nosova, Franco Bolelli, Anna Anzani, Ruggero Biamonti
Layout und Illustrationen: Alice Beniero

Deutsche Ausgabe:
Einbandgestaltung: Sofarobotnik, Augsburg & München
Produktion und Satz: Monika Pitterle/DVA
Papier: Profisilk
Druck und Bindung: FIRMENGRUPPE APPL, aprinta druck, Wemding
Printed in Germany
ISBN 978-3-421-04053-4

www.dva.de